JN017731

ひとり旅は新たな発見と気づきがいっぱい。自分らしく生きることをイメージしながら、ゆったりと時間を過ごせる満足度の高い場所がおすすめ。行きたい場所に行き、やりたいことにトライして、自由気ままにひとり時間を過ごしながら、心地よさを感じる自分を思う存分味わって。

TRAVELS TO CHANGE YOUR LIFE

「新しい私」に出会う

おとな女子ひとり旅は人生の宝物

TRAVELS TO CHANGE YOUR LIFE

小笠原 リサ

はじめに

あなたは、どんなときに旅をしたくなりますか？

訪れたい場所を見つけたとき？
思いっ切り美味しいものを食べたり、ショッピングを楽しんだりしたいとき？
リフレッシュしたいとき？
傷心を癒したいとき？

旅する理由は人それぞれだと思いますが、近年人気の高まりを見せているのが「ひとり旅」。私はこれまで大人女子やファミリーなどに向けたハワイの楽しみ方を紹介する書籍を執筆してきましたが、ひとり旅についてのご質問を受ける機会が増えたのを感じていました。そして、「一度ひとり旅のおすすめ情報をまとめるとお役に立てるのではないか？」

と考えていたときに、ちょうど出版社の方から「ひとり旅の書籍を出しませんか?」とお声がけをいただき、本書を出版することになりました。

ひとり旅人気の背景のひとつに、ネットの普及によって、いつでも、どこでもつながれる時代になり、「ひとり＝孤独」から、「ひとり＝自由」と価値観が変化したことが挙げられます。限りなく自由を楽しむ旅、自分にご褒美を与え、自分を労り、自分を見つめ直す……そんなひとり旅ならではの魅力に気づきはじめた方も多いのではないでしょうか。

ひとり旅は、環境が変わったり、これまでの生活がひと区切りついたり、もっと自分を成長させたいと思ったりしたときに最適です。特に女性は、結婚、出産、子育て、転職などのライフイベントにともなって、人生のステージも大きく変化します。その後の人生を豊かなものにするためにも、こうした転換期のタイミングにひとりの時間をつくることは、大切です。けれど、いつもの生活を続けながらまとまった時間を持つのは難しいものですよね。だからこそ、思い切ってひとり旅に飛び出してみませんか?

もちろん、家族や友達、恋人との旅も楽しいのですが、常に誰かが一緒にいると、相手に気を遣ってしまいますし、思い出づくりという要素が強くなりがち。

ひとりで五感のおもむくまま、誰にも気を遣わず、見たいものを見て、食べたいものを食べ、心地いい場所で好きなだけぼーっとする、そんな贅沢な時間を自分に与えてあげましょう。それは、思い出深い一生の宝物になるはずです。旅をしてお気に入りの場所ができたら、何かあったときに訪れる、自分だけのリトリートの場所にするのも素敵ですね。


こんにちは。私は、旅インフルエンサーの小笠原リサと申します。長年にわたり、ハワイを中心に、旅行者目線で自ら体験して得た情報を、書籍や雑誌のコラム、SNSで発信しています。おかげさまで、多くの方に見ていただけるようになり、ハワイのガイドブックも5冊出させていただきました。

そんな私が、今回なぜ初の旅エッセイ本を書かせていただくことになったかというと、ひとり旅は内面的なメリットも多いので、ガイドブックでは書けないエモーショナルな部分まで掘り下げて表現することでおとな女子旅の深みが増し、人生を豊かにする新しい旅の楽しみ方を、みなさんにお伝えできるのではないかと考えたからです。

旅には大きく分けて2つの種類があります。ひとつは、観光、食べ歩き、ショッピングといった、今を楽しむ「満喫旅」。もうひとつは、旅という非日常のイベントの中で、自分自身に意識を向けて、未来をどう生きるかを考える「充電旅」。

私自身、満喫旅も大好きです。しかし、旅を重ねる中で、自分は何が心地よくて、どう生きていきたいかといった、自分を見つめる時間が増えていることに気づきました。そして、自身の旅プランに、自分と向き合う過ごし方や場所を取り入れるようになりました。そんな旅のおかげで、とらわれていた思考や悩みから解放され、うれしいご縁がつながったり、人生が好転したりということを、何度も経験しました。

本書では、充電旅を中心に、旅のヒントをお届けしていきます。とはいえ、せっかくですから、おすすめの場所、お店などもピックアップしました。

行きたい場所が見つかったら旅計画スタート！　転換期に限らず、思い立ったときでかまいませんし、誰かと一緒の中で、ひとりの小トリップ時間を確保することからはじめてもよいと思います。何事にもとらわれず、自由に羽ばたけるのがひとり旅ですから。

CONTENTS

CONTENTS

CONTENTS

CONTENTS

CONTENTS

CONTENTS

※本書に掲載されている情報は
2024年5月現在調べのものになります。
※メニューや時間などは急に変更になる場合があります。

STAFF

デザイン
松浦周作
(mashroom design)

カバーフォト
内田 垣

イラスト
Marico Sakai

DTP
三光デジプロ

校閲
文字工房燦光

編集協力
RIKA(チア・アップ)
田坂智絵

TRAVELS TO
CHANGE YOUR LIFE.

CHAPTER 1

自分を見つめ直す旅に出かけよう

日常から抜け出して、
本当の自分を取り戻してみませんか。
新しい旅のスタイルを取り入れて、
あなたの人生をより彩り豊かなものに。

旅は人生を豊かにしてくれる魔法

日々の生活の中で、ふと「なんか、疲れちゃった〜。リラックスしたいな」と感じたり、「私の人生、このままでいいのかな」「何か新しいことをしたいけど、それが何かわからない」など、モヤモヤしたりすることはありませんか？

そんなときは人生の転換期。新しい自分に変わりたいと、インターネットで情報を検索したり、本を読んだりするものの、なかなか変われない方も多いのではないでしょうか？

私も以前は、悩みや迷いが生じると、何か手段はないかといろいろな情報を得ては、新しい自分になろうと意識してきました。けれど、なかなか心が晴れることはなく……。でも、旅先から帰ってくるたび、なぜかスッキリしている。そんな感覚を得ていることに気づきました。

これは、どういうことだろう？　と思っていたのですが、コロナ禍で旅に出れず家にこもっていたときに、その答えが明確になりました。

それは、**旅には、自分をゆるめて、生きやすくする力がある**ということです。

自然の営みに触れたり、これまで接点のなかった人と出会ったり、見たこともない街並みを見たり、新たな味覚を体験したり……非日常に飛び込んで、五感が揺さぶられる経験をしているうちに、「心配するよりも、楽しもう」「なんとかなるさ」「そんな選択肢もあるんだ！」と大きな気持ちになっていくのです。

旅することで狭い視野を抜けてブレイクスルーできる、これぞ、旅の醍醐味です！

ハリウッド映画『食べて、祈って、恋をして』では、人間関係に疲れ果ててしまった、ジュリア・ロバーツ扮《ふん》する主人公のリズが、旅を通して、自分自身のとらわれに気づき、それらを手放しながら、本当の自分を見つけていく様子が描かれています。旅先で出会った人々との温かい交流を通して自分をリセットしていき、人生を変えていったのです。

また、偉人たちも、旅に関する名言をたくさん残しています。

「『旅』にはたったひとつしかない。自分自身の中へ行くこと」（詩人　ライナー・マリア・リルケ）
「旅というものは、時間の中に純粋に身を委ねることだ」（小説家・詩人　福永武彦）
「どんな旅にも、旅人自身も気づいていない秘密の終着地がある」（哲学者　マルティン・ブーバー）

インターネットが発達した今の時代は、世界中のあらゆる場所の映像を見ることができるので、行った気になることはできます。しかし、バーチャルで擬似体験することと、実際にその場所に足を運ぶのとでは、得るものがまったく違う！　**リアルに体験することでしか味わえないことがたくさんあるのです。**

体験を持って感覚に落とし込むことで意識が変わり、次なるビジョンを見つけていく。

本書では、そんな人生を豊かにする旅のヒントを提案していきたいと思います。

ひとりの時間で新しい自分と出会う

人生を豊かにする旅を成功させる秘訣は、「ひとり旅」をすることです。

誰かと一緒に行く旅は、どちらかというと、旅する人との楽しい時間を過ごすことがメインになり、充電旅の要素は少なくなってくるもの。たとえば、小さいお子さんとの旅は、お子さんの笑顔を見たくて、子どもを楽しませることが中心になってしまいがち。友人との旅にしても、行きたい場所や食べたいものがまったく同じということはほとんどないので、120%自分の好みの旅にはならなかったりします。

もちろん、みんなでワイワイ楽しい旅も素敵です。ただ、人生を豊かにする旅の目的は、あくまでも「自分とゆっくり向き合う」こと。となると、やっぱりひとり旅がおすすめなのです。

私は1年のうちの3か月くらいは旅をしています。仕事を兼ねて旅をしているため、仲間と一緒に行動することが多いのですが、そんな中でも必ずひとりで行動する時間をとっています。

異国の地のカフェで、頭をまっさらにしてぼうっと海を眺めていると、日本でなんとなく感じていた焦りやモヤモヤがスッと抜けて、クリアな意識になっていきます。そんな時間がたまらなく好きです。

そして、ときどき、ふらりとひとり旅を楽しんで、自分をリセットさせています。

どんなに気心知れた仲間と一緒でも、やっぱり時にはひとりになる時間が必要。どうしてもひとり旅が難しいという場合は、ひとりの時間を確保するところからスタートしてみてはいかがでしょうか。

初めてのひとり旅は少し勇気が必要ですが、勇気を出した分、「行ってよかった！」と思える、未来につながる宝物を持ち帰ることができるはず。

あなたがあなたらしく素の自分に戻る時間を、意識的につくってみてくださいね。

自分の「好き」を旅で探す

ひとり旅の面白さは、自分の「好き」を探せること。ひとりなので、「本当に自分がやりたいこと、見たいもの、行ってみたい場所、食べたいもの」に十分時間を費やすことができます。

つまり、**ひとりで旅する時間は、自分の好きを追求できる**時間ともいえます。

私は日本史が大好きなので、たとえば、京都の二条城の大広間を眺めながら、「ここに諸藩の重臣たちが集められ、徳川慶喜は大政奉還の意思を伝えたのか……」と感慨深い気持ちに浸ったり、日光東照宮では流鏑馬《やぶさめ》が奉納される神事を見て、その精神性と荘厳さに感動したりして、歴史に思いを馳せることがあります。

こうした楽しみは、ひとり旅だからこそできること。思い切り、自分の好きを堪能するチャンスです。

また、自分は何が好きなのかわからない、という方もいらっしゃると思います。そういう方こそ、自分がその場に行って何が楽しいと思うのか、何を美しいと感じるのか、何を食べたいのかに集中してみてください。そうすることで、本当の自分の姿を再確認できたり、新たな自分に出会えるきっかけになったりするものです。

ここ行きたいな、これ食べたいな、これやってみたいな、と思ったら、それはワクワクのはじまり。あなたの「好き」を見つける入り口です。

私は、旅先の情報についてざっくり下調べはしますが、少し旅程に余白をつくるようにしています。現地を歩いていて、「素敵だな」「センスよさそう」「私好み！」と感じたら、そこに足を踏み入れてみます。

その日、そのときの気分もあるので、その感覚を大切にしながら五感センサーをマックスに働かせてみてください。**自分の直感を信じて好奇心のおもむくままに、飛び込んでみること。**この感覚がとても大事なのです。

いつもの思考がチェンジする海外の旅

本書では旅先の候補として、国内と海外の両方を挙げていますが、勝手に湧き上がってくる思考を完全にシャットアウトしたいなら、海外に行くのがおすすめです。なぜなら、**言語はもちろんのこと、普段と違う景色や空気、異なる文化の人々と接することで、より非日常感が味わえる**からです。

もちろん国内でも、自然豊かな場所や温泉地に行くことで、思考はクリアになっていきます。ただ、日本国内にいる限り不自由をすることがないので、ついつい余計なことを考えがち。

私の場合、リラックスするために国内旅行に出かけたはずが、体は癒されても頭はずっと動いていて「あの記事の締切っていつだったかな?」「あのアイデアって企画になるかな？」などと、思考がぐるぐるしてしまうことも多いのです。

一方、言葉も、通貨も、ルールも、文化も、空気感も、あらゆるものが異なる海外では、常に未知の世界と接しているため、買い物ひとつすることも、誰かに何かを聞くことも、すべてが新鮮で余計なことを考えている暇がありません。

また、ひとりで行動していると、現地の人が話しかけてくれることも多く、新しい世界も広がります。

そうした経験をしているうちに、**気がつけば思考がチェンジされ、不思議とリフレッシュできる**のです。そういうときは、新しい発想も生まれやすく、前向きなエネルギーが湧いているのを感じます。

海外では、言葉や文化の違いから戸惑うこともありますが、その体験こそ宝物。非日常感に触れることで逆に気分転換ができ、頭の疲れが抜けていきます。

普段の思考がチェンジできる海外のひとり旅に、ぜひ挑戦してみてはいかがでしょうか。

五感が刺激されるホカンスを楽しむ

本書では、ホカンスできるホテルもピックアップしています。**ホカンスとは、ホテル滞在を目的とした、ホテル内でバカンスを楽しむ過ごし方のこと。**あちこち観光して、ショッピングをして、といった過ごし方はあえてせず、1日中ホテルライフを楽しみます。

そうはいっても、せっかく初めての土地に来たのであれば散策もしたいですよね。私もホテルの周りを中心に、しっかり散策する日もつくるようにしています（笑）。

その場合、おすすめはホテルに2泊以上すること。私の場合、1日目は移動で夕方ごろホテルに着くことも多いので、到着した日はホテルの敷地内を散策して、何がどこにあるのか、心地いい場所などを見つけます。2日目はホテルライフを満喫し、3日目にホテル周辺を散策する、というのが定番です。

本書では、ラグジュアリーホテルをピックアップしています。それは、極上の場所ではお姫様気分になれるから。人生の主人公は自分自身なのだと、自分を大切にする気持ちを思い出させてくれます。

特に海外のホテルは、場所によっては歴史の重みを感じさせてくれる場であったりもします。たとえば、作家のヘミングウェイが物語を書いていたバーや、文豪たちが集まっていたレストランなど。彼らはここでインスピレーションを得てあの作品を生み出したのか、と妄想するだけで、なんとも言えない高揚感でいっぱいになります。

また、レストランやアフタヌーンティーのみの利用であっても、宿泊者と区別することなく、ひとりのレディとして大切に扱ってもらえるので、居心地よく過ごせますよ。

ラグジュアリーホテルとは、そうした日常では味わえない感性を刺激する場所。ピンと背筋を伸ばして、思いっきりレディライクに。自分を慈しむ場所として、ぜひ足を伸ばしてみてください。

*本書に挙げたホテルの情報は、各章の章末に掲載しています。

旅を通して自分の可能性を広げる

私には2人の甥っ子がいます。ひとりは、ハワイの学校でホテルマンになるための勉強をしていますが、実は、彼の夢が明確になったのは、旅がきっかけでした。

彼が小学校低学年のとき、甥っ子家族と一緒に大阪のユニバーサルスタジオへ。その近くのホテルに泊まったのですが、彼曰くそこは、まるで映画のワンシーンの中にダイブしたかのような、夢のような空間だったそうです。

そのころからホテルに興味を持ちはじめたようですが、彼が中学生のころ、本書でも紹介しているハワイ島の「フォーシーズンズ リゾート フアラライ」に、みんなで泊まったことがありました。

その素晴らしいロケーション、最高峰のおもてなしに、彼は鳥肌が立つような感動を覚え、そのときホテルマンになると決めたそうです。その後、世界中の憧れのホテルで働くためには、英語を話せたほうがいいと考え、カナダの高校に進学。3年間カナダで過ごした後、現在はハワイの学校でホテルマンになる夢を叶えるために学んでいます。

もうひとりの甥っ子も、今、ロサンゼルスで飲食業に携わっています。彼も子どものころから、よくハワイに一緒に来ていましたが、そのおかげで海外に対してのハードルが低くなり、世界に目が向くようになって夢が広がった、と話してくれました。

私はそんな甥っ子たちの姿を見て、旅にはすごいパワーがあると改めて感じました。確かに、海外旅行はお金も時間もかかります。でも、**旅をすることで夢が見つかりそれが未来につながるのであれば、こんなに大きな実りはない**と思うのです。

甥っ子たちの例と同様、女性の転換期も、これからの人生をどう生きるかについて、自分と向き合い、新しい自分と出会っていく大切なタイミング。

もしかしたら、これまでの生活を変えてまったく新しい世界に飛び込みたい、心を解放して新しい自分に生まれ変わりたい、と思っている方もいるかもしれません。

そんなとき、**旅で得た肌感覚やさまざまな経験は、その後の人生にプラスの影響を与えてくれるはず**です。

海外に行くと、言葉が通じなかったらどうしよう、道に迷ったらどうしようなどと、つい心配になってしまうもの。しかし、最近はスマホがあればルートを調べたり、翻訳したり、タクシーを呼んだりと、大抵のことはなんとかなりますから、思い切って一歩踏み出してみてはいかがでしょう。

その先には、まだ見ぬ新しい世界が待っています。

次章からは、人生を変える旅として、「ご褒美旅」「新しい自分に出会う旅」「リセット旅」の3つに分けて紹介します。

今回はエッセイということで、おすすめのスポットは文章で書き記していますから、ぜひ、イマジネーションを働かせてみてください。そして、機会があれば、その地を実際に訪れて、あなた自身の目で見て、心で感じていただけたら何よりです。

旅を通して、あなたの人生がどんどん好転していきますように。

TRAVEL NOTE

新しい自分を発見する
「トラベルノート」のつくり方

行き先が決まったら、旅の記録を残す「トラベルノート」を
つくってみませんか。旅でしか得られない
気持ちや気づきが詰まった貴重な記録になりますよ。
ルーズリーフなどを使ったリングタイプのノートにすると、
自由にページを入れ替えたり、追加できたりして便利です。

【旅前】

その地で何がしたいのか、気になるもの・ことなどを、どんどんリストアップ。今自分が何に興味を持っていて、何を求めているかが見えてきます。行きたい場所やお店の営業日、ルート、買いたいもの、やりたいことなど自由に書き込んで。

【旅中】

心に残ったこと、感じたこと、情報などなんでも書き込みます。ルートを変更したり、旅先で気になる場所があれば、ページを追加したり入れ替えたりしてOK。心の動きに合わせてノートも調整してくださいね。チケットなど、思い出になるものは貼り付けておきましょう。

【旅後】

各スポットでの思い出を、メモを見ながらイラストを描いたり、写真を貼ったりしてまとめます。なぜここに行ったのか、実際に行ってみて何を感じたかを書き込んでいくと、今、現在の自分の優先順位や、感情の変化を発見できますよ。

TRAVELS TO
CHANGE YOUR LIFE.

CHAPTER 2

「ご褒美旅」で頑張った自分を労り満たす

自分に優しさを注いでいますか?
疲れた体と心を癒し、
自分のために贅沢な時間を過ごす、
そんな旅の楽しみ方をあなたに。

自分を愛でる「ご褒美旅」

あなたは自分にご褒美を与えていますか？

私が海外に行くたびに感じるのは、日本人はもっともっと自分を喜ばせるために時間を使っていいということ。

お国柄やその人の性格にもよりますが、日本人は総じて頑張り屋さんが多く、「まだまだ頑張れる！」「もっとできるはず！」と自分に厳しくムチを打って、なかなか自分にご褒美を与える機会が少ないように感じます。もちろん、頑張ることはとても素晴らしいことですが、たまには自分を甘やかしてあげませんか？

そこでまず提案したいのが、ご褒美旅。大きなプロジェクトを成功させた、子どもが学校を卒業して子育てが一段落した、介護が終わってなんだか心にぽっかり穴があいたなど、大きな役目が一区切りついたときはもちろん、普段仕事を頑張っている自分、休みなく家事や子育てをしている自分など、これまで精一杯やってきた自分にゆったり贅沢に過ごす時間をプレゼント。

ひょっとしたら、自分のためだけにお金を使ったり、時間を使ったりすることに罪悪感が湧く方もいらっしゃるかもしれません。でも、そう感じるあなたこそ、人のためにたくさん頑張ってきた方。人に優しくするように、自分にも優しさを注いであげてください。心配ありません。それがまた、次なる頑張りを生む好循環になりますから。

リゾート地で自然に囲まれる、活気のある海外の都市に触れる、ホテルでゆっくり時間を過ごすなど、自分に合った楽しみ方でエネルギーを充電し、疲れた心と体を癒してください。**自分を愛でて労わっていくと、自然と「次はどうしたい」といった今後のことに考えが及ぶようになってきます。さらには、「どんなふうに世のため、人のために役立っていけるだろうか」といった、深い気持ちとつながりはじめます。**

おそらく、満足度の高い場所で、たっぷり自分のために時間を使うことで心に余白ができ、目の前のことだけではなく、もっと大きな視点が生まれてくるのでしょう。

その問いに対する答えは、出ても出なくてもかまいません。その問いが生まれたこと自体がプライスレスなことです。なぜなら、人は最終的に世の中に貢献したい生き物だと感じるから。そうだとすれば、その問いが自分の中から湧き出てくること自体が尊いことだと思いませんか？

ご褒美旅にぴったりの「ホカンス」

第1章でもお伝えしたように、本章ではホカンスの楽しみ方もご紹介していきます。リゾートホテルの場合は、スパやプールを利用して、ホテル内から見える景色を眺めているだけも十分リラックスできるので、ご褒美旅にぴったりです。

本章では、大人のホカンスにおすすめな場所をいくつか紹介していますが、ご自身が心地よいと感じる場所であれば、どこだってＯＫ！

ちなみに、1日中ホテル内で過ごすホカンスは、ホテルの方といい距離感をつくることが、心地いい滞在にする秘訣。難しい会話はスマホの翻訳アプリで対応しても、**挨拶だけは直接その国の言葉でやりとりすることがスマートな旅のコツ**。私も、挨拶だけは必ず覚えていくようにしています。

たとえば、ホテルの敷地内をお散歩したり、レストランに行くときなど、ホテルの方とすれ違った際は、「Good morning」と挨拶をして、「How are you?」とひと言付け足します。相手が「I'm fine. Have a nice day!」(元気だよ。よい1日を)などの言葉をかけてくれたら、「You too」と伝えます。英語ならこの3つのフレーズだけでOK!

なんだか、少し親近感が湧きませんか? ホテルの方と仲良くなったことで、エントランスでタクシー待ちをしているときに、「これに乗っていく?」と、ホテルの車で街まで連れていってもらえたりと、うれしい出来事が起こったことも(笑)。

相手をリスペクトし、挨拶を心がけるだけで名前を覚えていただけますし、ホテルライフをぐっと格上げできますので、ぜひ頭に入れておいてくださいね。

さて、ではさっそく「ご褒美旅」におすすめの場所をご案内します。

勇ましい大自然に触れてエネルギーをチャージ——ハワイ島

ひとつ目のおすすめスポットは、ハワイ島。

ハワイといえばオアフ島が有名ですが、「ハワイ諸島」と言われるように、実は約130以上もの島で成り立っています。ハワイ島はその中でも、最も広い面積を誇る島。車で1周回ろうとしたら丸1日かかってしまうほど。「The Big Island（ビッグ アイランド）」の愛称でも親しまれています。

ハワイ島には、オアフ島から飛行機に乗って約45分で到着。ハワイのローカルの人たちはよく「島間の便はバスみたいなものだからね」というほど、現地の人たちは気軽な感覚で島間を移動しています。

この島をひと言で言い表すなら、「勇ましいエネルギーに満ちた大自然の島」。ハワイ島にはコナ国際空港とヒロ国際空港の2つがありますが、コナ国際空港を出てまず目にするのが、溶岩が冷え固まってできた黒い岩石の大地です。

緑豊かな自然をイメージしていると、ちょっとびっくりするかもしれませんが、ここは活火山の「キラウエア火山」がある島。ダイナミックな自然を感じることができます。

私は、キラウエア火山から溶岩が流れ出る様子を実際に目にしたとき、「地球は生きている!」と感じました。それは、人間がどんなに頑張って立ち向かっても、びくともしない、はかり知れない規模の生命体。

人間の無力さを感じざるを得ない壮大な自然を目の前にしていると、自分の中にある悩みがちっぽけに思えて、なんだか安堵感を覚えます。と同時に、その島にいるだけで不思議とエネルギーが充電されていくような感覚に。これが、パワースポットと言われる所以。

美しく情熱的で、気性が激しい火山の女神ペレが住まう島。ハワイ島は、エネルギーチャージができる、ご褒美旅に最高の場所なのです。

圧倒される満点の星

雄大で勇ましい大自然が広がるハワイ島は、実は世界有数の天体観測地としても知られています。

ハワイ島でドライブを楽しんだ帰り道、真夜中になってしまったことがありました。ヒロエリアからコナエリアへ、ハワイ島の中央を走る道を移動していましたが、周りは街明かりひとつなく、本当に真っ暗闇。すれ違う車もありません。

そんな中、空を見上げると満天の星が！　今にも空から星が降ってきそうなほど、たくさんの星が肉眼で見えるのです。「銀河ハイウェイ」とでもいうくらい、宇宙空間に放り出されたかのようなものすごい星の数です。

星ってこんなにあるんだ！　と思うほど夜空にぎっしりと詰まった星々。流れ星もたくさん見ることができて、本当に願い事し放題でした（笑）。

あまりの美しさに、車を降りてしばらく星空を眺めていると、今、自分は奇跡的にここで生かされていることへのありがたさがあふれ出てきました。与えられた命を一生懸命生きようと、そんな気持ちになれる星空だったのです。

火山も星空も想像を超えたスケールで自然の雄大さを体験できるハワイ島には、ぜひ一度は訪れてみてほしいリゾートホテルがたくさんあります。そのどれもが、自然のエネルギーとうまく調和していて、私たち人間の営みと自然をつないでくれるパワースポットのような場所。

その中でも、私のハワイ島最愛のホテルでの体験をご紹介します。

雄大な自然の中の楽園「フォーシーズンズ リゾート フアラライ」

世界のホテルを知る方々も「あそこは特別だよ」と言う、フォーシーズンズ リゾート フアラライ。猛々《たけだけ》しい大自然のエネルギーが流れるハワイ島の中に、ふと現れた楽園のようなホテルです。

フアラライは、私の大好きなホテル。これまでも何度か宿泊していましたが、数年前、初めてのガイドブック出版に向けて神経を張り詰めた作業が一段落した際、そのご褒美として、こちらを選びました。体力も気力も使い果たしていたので、ダイナミックな自然を感じられるハワイ島で、エネルギーチャージしたいと思ったのです。

ファラライは、コナ国際空港から車で15分ほど。空港でレンタカーを借りて走り出すと、道の左右には冷え固まった真っ黒な溶岩が広がり、ハワイ島ならではの景色がお目見えします。広大な黒い大地と澄んだ空と青い海、それ以外は何もなく、ただただまっすぐに続く道。そんな風景に冒険心をくすぐられながら、「この島、やっぱり好きだな〜」と、今回も期待に胸がふくらみました。

ファラライは、世界屈指のリゾートホテルが立ち並ぶエリア「コナ・コハラコースト」にあります。コナ・コハラコーストに入りしばらく車を走らせて、やっとファラライに到着。感じのよいドアマンが車のドアを開けてくれて、荷物を下ろしてくれました。

身軽なまま車を降りてロビーに入ると、まず整備された美しい芝生の中庭が目に入り、その向こうにプール、さらに向こうに海が見えます。普通、ホテルのロビーというと、人の話し声やカトラリーの音が響いてなんとなく賑やかなイメージですが、ファラライのロビーはオープンテラスになっているため、ゲストがいても、子どもたちが芝生で追いかけっこをしていても、それらの音がまったく気になりません。私の耳に聞こえてくるのは、鳥のさえずりと風にそよぐ木々の音のみ。その瞬間、私は無意識に緊張していた体中の力がゆるみ、肩の力がふーっと抜けるのを感じました。

ファラライは、フロントだけでなく、レストランもほぼオープンテラス、お部屋も窓を開けるとすぐに外に出られるつくりで、外と内の境目がないのが特徴です。

都市部で生活していると、暮らしと自然が切り分けられてしまいますが、ファラライは、自然とともに生きていることをリアルに感じられる空間。自然と一体化しながら過ごすことで、心身ともに癒されます。それは、私たち人間も自然の一部であることを思い出させてくれるからかもしれません。

ハーブウォーターとピックに刺したフルーツをいただきながらチェックインを済ませ、カートに乗ってお部屋へ移動。館内を行き交うホテルマンたちは、目が合うと「アロハー」

と笑顔で挨拶を返してくれます。この瞬間「あぁ、素敵な滞在になるな」と予感が。実際、ここファアラライはホスピタリティが素晴らしく、心地よく過ごせるのです。

カートから中庭を見ると、スプリンクラーから撒《ま》かれた水が太陽の光に反射して、虹ができていました。そんな小さな光景にひとつひとつ感動できるのも、心の余裕が出てきた証拠だと実感。

カートを降りていよいよコテージ風のお部屋に入ると、広いリビングルームが。その隣には、クイーンサイズのベッドルームがあり、窓を開ければ、そのままバルコニーへ出ることができ、プールに直結しているつくりです。

なんという開放感！　それは、上から海を見下ろす高層階の部屋ではなく、地上と接しているからでしょう。窓もドアも全開放すると、ハワイの海と空と大地を独り占めしたかのような気分に！

あまりの居心地のよさに、「ここから動きたくない！　ずっとここで時間を楽しみたい！」という気持ちでしばらく佇んでしまいました。「楽園」の中で穏やかな空気に包まれながら、どんどん疲れが癒えていくのを感じる、そんな旅のはじまりでした。

地球の美しさを感じるサンライズ前のひととき

私は、リゾート地に来ると、いつも日が昇る前に目が覚めます。目が覚めてまず行うのは、窓やドアを開けること。外の空気を取り込むと同時に、鳥のさえずりや波の音が聞こえてきて、心が解き放たれる感覚になれるからです。バルコニーに出て心地よい風に当たると、もうそれだけでじわじわとリラックス！

サンライズの時間まで、バルコニーの椅子に座ってコーヒーを飲みながら空と海を眺めていると、朝焼けで空がどんどんピンク色に変わっていきました。

私は地球の美しさを感じられるこの時間が大好き！　空の色の変化を楽しみながら、最高の1日になる予感しかしない、そんな心地よさを全細胞に感じました。

すっかり太陽が昇ったところで、朝食ビュッフェのレストランへ。すっぴんで行きたいところですが、オープンテラスなので、日焼け対策はしっかり。お部屋からプールを抜け、ビーチを眺めながら、ときおり大きく腕を回したり体を伸ばしたりして、リラックスモード全開！　途中すれ違う人たちと、「Good morning」「How are you?」と挨拶を交わしながら進みます。みんな穏やかな笑みを浮かべ、リラックスしている様子でした。

レストランに到着し、「海に近いお席がいいのですが、空いていますか?」とたずねてみると、すぐに確認してくれて、「大丈夫です。こちらへどうぞ」と素晴らしい眺めのお席に案内してもらえました。どこの席に座るかは、とっても重要。今の気分に合うお席でいただく朝食に、気分が上がります。

ハワイの中でもハワイ島のビュッフェは格別です。というのも、ハワイ島は世界にある全気候帯17のうち15の気候帯が存在する珍しい場所。それゆえ、さまざまな野菜やフルーツ、木の実などが育つ食材の宝庫なのです。

日本でもよく知られているコナコーヒーはハワイ島産。その他、時期によってはクラという街でとれる朝摘みいちごや牧草飼育の牛肉、マカデミアナッツなど、ハワイ島産のものをいただけるのもうれしいポイント。パイナップルやパパイヤも新鮮で、甘い香りが漂ってきました。また、ハワイのおやつの王様と言われる「マラサダ」もお目見え。日本でいうところの揚げドーナッツで、ハイカロリーではありますが、ハワイに来ると、つい食べたくなってしまいます。

ヘルスケアも気になるけれど、旅をしたらやっぱりその土地のものを楽しみたい。食べない後悔よりも食べてネタにしようというのが、私の信条です（笑）。

完全リラックスで身も心も癒される贅沢タイム

こうして、清々しい空気に吹かれて、ハワイ島の雄大な海を眺めながら食事をいただく朝の贅沢タイムを過ごした後は、部屋に戻って、プールサイドへ。予約しておいたカバナの中で読書をしながら、午前中のまったりタイム。ドリンクを飲みながら南国の景色を眺めているだけで日常の思考が抜け、仕事の疲れも完全に消えていくのを感じます。

日が高くなってきたので、日光を避けてホテルのスパへ。フェイシャルだけのときもあれば、全身マッサージのときも。この日は、事前にロミロミマッサージを予約。1時間前にはチェックインし、ジャクジーサウナで体を温めます。極上のマッサージを受けた後は、小さな滝の水音を聞きながら、リラックスエリアでちょっと居眠りを。代謝がよくなっているので、水分をしっかり補給することも忘れずに。なんて幸せなひととき。

お部屋に戻るとすっかりサンセットの時間。大人専用のプールに向かい、プールの中にあるバーで、クラのいちごをあしらった可愛いノンアルコールドリンクをさっそくひと口。美味しい！　ドリンクを片手にオレンジ色に染まるサンセットの空を眺めながら、ふと出てきた言葉が「なんて素敵な1日なんだろう」。大自然に包まれて、自分の心がどんどん穏やかになっているのを感じました。

そしてあっという間に、帰国日の朝。フライトが早い時間だったため、まだ暗い早朝にルームサービスを利用しました。扉を開けっぱなしにして、少しずつ変化する空の色を楽しみながら朝食を。最高のご褒美となったファラライに「いい時間を過ごさせてくれて、ありがとう」と自然と言葉が込み上げてきます。

「私らしく、前に進もう！　頑張るよ。そして、いつかまた必ず戻ってくるね」

飛行機の窓から小さくなっていく島を眺めるころには、すっかりエネルギーに満ちた私になっていました。

ファラライ周辺の観光スポット――カイルア コナ

ここで、せっかくなので近くの街の情報も。滞在中、近場を散策するなら、ファラライから車で約20分の場所にある「カイルア コナ」がおすすめ。ショッピングやグルメ、歴史的スポットが詰まったハワイ島第2の街のお気に入りをご紹介します。

・コナ コーヒー&ティー（Kona Coffee & Tea）

コナ コーヒー農園の直営カフェ。世界的に人気の「コナ コーヒー」を贅沢に使用したドリンクや、アサイーボウル、ベーグルなどの軽食をいただけます。

・ベーシック カフェ（Basik Cafe）

種類豊富なヘルシーボウルとスムージーが、ハワイナンバー1と呼び声高い人気店。ベースのアサイーを6種類から選べるアサイーボウルが人気。

・**ハゴス（Huggo's）**

１９６９年創業の人気レストラン。オーシャンビューのテラス席は予約必須。シーフードメニューが充実しています。

・**コナ ブリューイング ハワイ（Kona Brewing Hawaii）**

ハワイで人気のローカルビール醸造所。できたてのビールとピザの組み合わせが最高。

・**アイランド ナチュラルズ マーケット&デリ（Island Naturals Market & Deli）**

ナチュラル志向のロコ御用達のオーガニックスーパー。お土産にぴったりなハワイメイドなお品もたくさん！　素材をカスタマイズできるジューススタンドも人気。

・**ウォーターフロント ロウ ショッピング センター（Waterfront Row Shopping Center）**

ローカル感あふれるショッピングセンター。お気に入りショップ探しや、カフェやレストランも入っているのでお食事や休憩にも。

・カマカホヌ国定歴史建造物（Kamakahonu National Historic Landmark）
国定歴史建造物に指定されているカメハメハ大王の王位引退後の居住跡地。現在もハワイアンの聖地として崇められています。特に、昔の神殿「アフエナ・ヘイアウ」は必見。

・フリへエ宮殿（Hulihe'e Palace）
ハワイ王族の離宮を使用した博物館。館内では、コアウッドの家具やキルトなど、ハワイで親しまれてきた工芸品の展示物が楽しめます。絵になる宮殿前で記念撮影を。

この他、**モクアイカウア教会（Moku' aikaua Church）**や**ヘイル ハラワイ パーク（Hale Halawai Park）**などもおすすめの散策スポットです。

オールドハワイを満喫できる街――ヒロ

ハワイ島にはリゾートエリアの玄関口「カイルアコナ」の他にも、もうひとつご紹介したい魅力あふれる街があります。それが「ヒロ」。ヒロは、ハワイ島の東部に位置する島内最大の都市です。その街並みは、オールドハワイそのもの！　私は、ノスタルジーあふれるこの街も大好き。どこか懐かしい空気を感じます。

ここでは、ヒロの街を散策するコースと、ヒロを拠点に車でハワイ島を丸ごと楽しむコースを挙げてみましたので、旅の参考にしていただけたらうれしいです。

【ヒロの街を散策する1日コース】　※営業時間や定休日は事前にチェックを。

ヒロの街に来ると、朝一番に出かけるのが、**ヒロ ファーマーズ マーケット（Hilo Farmers Market）**の朝市。地元の特産物が並ぶ朝市は、旅気分を満喫できる場所。ローカル産のお野菜やフルーツ、ここでしか買えないハンドクラフトのアイテムも並び、ハワイ島ならではの生活を垣間見ることが可能です。ホテルで朝食をとらずに、フルーツやスパムむすびなどを買って食べ歩きも楽しいですよ。

まだまだお腹に余裕があれば、お次は**クラ シェイブ アイス（Kula Shave Ice）**へ。シェイブアイスとは、日本でいう「かき氷」。ハワイの定番スイーツです。特にこちらは、氷がふわふわ！　氷を製造するお水にこだわったり、自家製シロップを使用したりと、体に優しい素材がうれしいお店です。

また、ローカルの人たちに人気のスイーツといえば、大福も。なんだか意外に感じますが、日本の大福はハワイで「Mochi」と呼ばれて親しまれているのです。**トゥー レディース キッチン（Two Ladies Kitchen）**は、いろいろな果物が入ったフルーツ大福の種類が豊富な地元の人気店。カラフルな大福や意外な組み合わせに、あれもこれも全部買いたくなってしまい、売り切れ商品も多数。食いしん坊の私は、午前中に行くようにしています（笑）。

ヒロの街で記念撮影といえば、**パレス シアター（Palace Theater）**。ここは、約100年前（1925年）に建てられたシアターで、現在も映画の上映やイベントが行われる現役スポットというのですから驚きです。レトロな建物を前にすると、まるでタイムスリップをしたかのよう。雰囲気ある写真が撮れますよ。

満腹のお腹をランチ前に消化させたいときは、**マヒアイ メイド（Mahi'ai Made）**というチョコレート屋さんへ。ハワイ産カカオ豆を使用して、チョコレートを製造しているお店です。「え？ また食べるの？」と驚いた方もいらっしゃるのでは？（笑）。ここでのおすすめは、ファームツアー。農園でカカオやアップルバナナを試食した後（食べるんかーい！笑）、チョコレートをつくる工程を工場見学できる、90分程度のウォーキングツアーです。チョコレートのお土産も買えるので、お友達だけでなく、自分へのご褒美にも。

お腹がすいたら、ランチは**スイサンフィッシュマーケット（Suisan Fish Market）**へ。「ヒロでポケを食べるならここ！」とローカルが太鼓判を押す、1907年創業の老舗店。ポケとは、魚介類のブツ切りをお塩や胡麻油などで和えた漬けのこと。ピリ辛味などのいろいろなフレーバーがあります。一番人気はアヒ（マグロ）。ハワイ近海で獲れるアヒは美味しいですよ。ライスの上にポケをのせたポケボウルは、日本人の口によく合います。

ヘルシー系なら**ヴァイブ カフェ（Vibe Café）**もおすすめ。アボカドトーストやグルテンフリーのナチョス、ヴィーガンロコモコなどが食べられます。店内はおしゃれで居心地がいいので、女子のひとり旅にはうってつけの空間。ここでホッとひと息つきながら、ご褒美感を味わってもいいですよね。

ランチの後は**リリウオカラニ庭園（Liliuokalani Gardens）**の散策へ。サトウキビプランテーションで働いていた日本人に敬意を表してつくられた広い庭園で、お散歩に適した歩道もあり、ピクニックにも最適。途中、大仏がお目見えするなど、ハワイと日本の結びつきを感じられるスポット。お天気がいい日は、先ほど紹介したスイサンのポケボウルを買って、ここで食べるのも、開放感にあふれて気持ちいいですよ。

私が超おすすめするハワイ島のお土産といえば、**ビッグ アイランド キャンディーズ（Big Island Candies）**。ハワイの人気クッキーメーカーで、オアフ島のアラモアナセンターにも直営店がありますが、本店はここヒロです。ハワイ通の人なら知らない人はいないというくらい、リピーターから支持されているお店。私も本店限定のアイテムを購入するために、必ず買いに行きます。地元のデザイナーとコラボしたハワイらしいデザインのボックスもあるので、お土産にすると喜んでいただけますよ。

また、地元のスーパーにお土産探しに行くのも楽しみのひとつ。ローカルメイドのお品がたくさんあるので、見ているだけでもワクワクします。

ザ ロカヴォア ストア（The Locavore Store）や**KTA スーパー ストア（KTA Super Stores）**は、ハワイ産の野菜やフルーツ、コーヒー、蜂蜜、マカデミアナッツ、スナックなどこだわりの品がたくさん。

私がリピするハワイの3大食品お土産は、マカデミアナッツ、コーヒー、蜂蜜。いろいろ試しましたが、一周回って、一番喜ばれるのがこの3つでした（笑）。特に、ハワイの蜂蜜は美味しいので、自分用にも必ず買います。樹木の「キアベ」の白い蜂蜜はコクが深く、そのままバゲットにぬれば、バター要らずです。

また、ハワイ神話にも出てくるお花「オヒアレフア」の蜂蜜もおすすめ。フルーティーな香りとクセのない味が好きで、長年リピートしています。

アロハシャツを記念に購入したいなら**ジグ ゼーン デザインズ（Sig Zane Designs）**へ。ジグゼーンさんというハワイで有名なデザイナーのお店で、高品質な素材とオリジナリティあふれるデザインに定評あり。地元の人は、結婚式など特別な日は、ここで新調するという人も多いようです。

また**ハナホウ（Hana Hou）**は、オーナーが自らデザインするバッグや小物類の他、ハワイやその他ポリネシア諸島から集めたアイテムや、現地アーティストの作品が置かれているセレクトショップ。ハワイらしいお店なので、思わず立ち寄りたくなります。

いっぱい歩いて、見て、買って、楽しんだ1日の最後は、**パイナップルズ アイランド フレッシュ キュイジーヌ（Pineapple's Island Fresh Cuisine）**で夕食を。オープンエアの空間で、ライブ演奏を聞きながら、ニューアメリカン料理が楽しめるカジュアルレストランです。注目は、パイナップルをくり抜いた容器に入ったカクテル。ハワイにいる気分が高まります。懐かしく優しい「ヒロ」の街散策。ノスタルジックなハワイに触れて、心と体をときほぐしてくださいね。

【ヒロの街からドライブで、ハワイ島を楽しむ1日コース】

ハワイ島といえば、やっぱり活火山のキラウエア火山。ツアーに参加して行くこともできますが、レンタカーを手配できるならヒロからドライブで行くのがおすすめ。夜に真っ赤な溶岩が流れ出る様子を観察できる1日コースを立ててみました。

まずは、旅の腹ごしらえに**カフェ100（Cafe 100）**でブランチ。1946年創業の老舗レストランで、創業当時からロコモコが看板メニュー。リーズナブルで種類も豊富なため、リピーターも多い人気店です。店内はテイクアウトでイートインのスペースもあり。駐車場も広く、ドライブがてら寄りやすいのもうれしいポイントです。

お腹が満たされたら、1時間30分弱車を走らせ、**プナルウ黒砂海岸（Punalu'u Beach）**へ。海に流れ込んだ溶岩が、冷え固まって小さく砕かれてできたという、世界的にも珍しい黒砂ビーチです。私も初めて訪れたときは、見たことのない漆黒のビーチに目を奪われました。幸福を運ぶというホヌ（亀）に出会えるビーチとしても有名。ホヌはハワイでは守り神とされる神聖な生き物なので、近づくのは厳禁。遠くからそっと眺めてくださいね。

お酒が好きな方は、この後ハワイ島の肥沃《ひよく》な土壌に育まれたワインを楽しめる**ボルケーノ ワイナリー（Volcano Winery）**へ。お土産にしたり、購入してホテルのお部屋で飲んだりしても旅の思い出になりそうですね。

いよいよ、**ハワイ火山国立公園（Hawaii Volcanoes National Park）**へ。火山の状態によって、立ち入り区域が変わるため、**キラウエア ビジターセンター（Kilauea Visitor Center）**で現在の火山の状態など最新情報をチェックし、いざ出発。まずはすぐ近くにある**スチーム ベンツ（Steam Vents）**へ。溶岩の熱で地下水の蒸気が噴き出す様子が見学できるスポットです。マグマの熱によって大地から発生する水蒸気を浴びて、大地の躍動感を感じてみてください。

その後、500年前にできた溶岩トンネル、**サーストン ラバ チューブ（Thurston Lava Tube）**で冒険気分を味わったら、**ハレマウマウ火口（Halemaumau Crater）**へ。2018年の火山活動によって、以前より大きくなったカルデラは圧巻！　真っ白な噴煙を上げる力強い様子に、自然のパワーを肌で感じることができますよ。

その後は、**ボルケーノ ハウス（Volcano House）**で休憩を。標高が高くなり、寒くなって冷えた体を暖炉で温めます。コーヒーをいただいて、ほっとひと息。休憩して、日も落ちてきたら、再び**ハレマウマウ火口**へ。暗がりに浮かぶ赤いマグマが流れ出す様子を見学。活火山にいることをリアルに感じ、「地球は生きている！」ことを実感するでしょう。

ダイナミックな自然を観察した後は、車で1時間ほど移動して、ローカルに人気のダイナー、**ケンズ ハウス オブ パンケーキ（Ken's House of Pancakes）**でディナーを。ハワイアンフードが楽しめます。デカ盛りメニューの「Sumo」サイズをオーダーすると銅鑼《どら》を鳴らしてくれるユニークなサービスは、ここならでは。つい頼んでしまうゲストが多数ですが（笑）、ひとり旅なら誰かが頼むデカ盛りで、銅鑼の音を楽しんでは。ちなみに、相撲はハワイでは馴染みのある言葉。曙や、古くは高見山などもハワイ出身の力士です。

ヒロの街からドライブで丸1日、ダイナミックな自然に触れる旅は、自分がちっぽけな存在であることをまざまざと思い知らされます。でも、ちっぽけだからこそ失敗してもO

K。やりたいことに挑戦しよう！　と、エネルギーが湧いてくる感覚を味わえる、ここはそんな唯一無二の場所なのです。

行動派にぴったりなヒロのホテル

ノスタルジーあふれる街「ヒロ」を拠点としてハワイ島を巡る旅を楽しむなら、どこに宿泊しましょうか。眺めのよいヒロ湾のほとりにあり、清潔感があって快適に過ごせるホテルをセレクトしてみましたので、滞在の参考にしてくださいね。

・グランドナニロア ホテル ヒロ アダブルツリー バイ ヒルトン

敷地内のナニロアゴルフコースでは、毎日1ラウンド無料でゴルフが楽しめる、うれしいサービス付き。フロントデスクは多言語スタッフにより24時間対応と、安心の大型リゾートホテルです。

・SCPヒロ ホテル

カジュアルで飾らない雰囲気のホテル。曜日別でレイメイキングやヨガクラスなどのアクティビティを行っています。

個性あふれるハワイ島の街

ハワイ島には、他にも個性あふれる街がたくさんあります。時間的に余裕がある方は、これらの街も散策して、ハワイ島を丸ごと楽しんでみてください。

・ホノム……「アカカ滝」をシンボルとする小さな街。滝の迫力ある景観は必見！ 街散策では、「ミスター エドズ ベーカリー」の手づくりジャムが人気です。

・ホノカア……映画『ホノカアボーイ』の舞台となった街。「ホノカア ピープルズ シアター」で記念撮影を。劇中登場する四角いマラサダは「テックス ドライブイン」に。

・**ハヴィ**……カフェや雑貨店、ギャラリーなどが点在するレトロで可愛い街。一点もののハンドクラフトなど、お気に入りを見つけてみてはいかがでしょう。

・**ワイメア**……グルメな街で、名店「メリマンズ」の本店も。「レッドウォーターカフェ」や「アーヴォ」のハワイ島店舗など、話題のレストランやカフェ巡りに最適です。

・**キャプテンクック**……見どころは日系人がはじめた1917年創業の歴史ある「マナゴホテル」。看板メニュー「ポークチョップ」を求めて多くの旅行者が集まります。

・**ホルアロア**……世界的に有名なメーカーのコーヒー農園が連なる地帯。焙煎《ばいせん》体験ができる「UCCハワイコナコーヒー直営農園」は訪れる価値大！

日常と切り離された開放感に浸る——プーケット島

次にご褒美旅の渡航先としてご紹介するのは、タイ南部のアンダマン海に面するプーケット島。首都バンコクから1時間半のフライトで到着するタイ最大の島です。真っ白な砂浜と透き通るエメラルドグリーンの海は息をのむほどの美しさで、その様子から「アンダマン海の真珠」とも言われるほど。

16世紀から18世紀にかけて、錫《すず》の採掘と国際貿易で栄えた島で、当時を偲《しの》ばせるシノポルトガル洋式のカラフルな建物が立ち並ぶプーケットタウンを歩いていると、異国の地に迷い込んだかのような、非日常感がリアルに湧き上がります。

また、色彩が美しい歴史あるタイ式寺院や大仏なども点在。仏教国ならではの人の温かさ、慎ましさなどを感じられるのもプーケットの魅力です。

私は、ハワイを筆頭にいろいろなビーチリゾートに行きますが、実際に足を運んで見ると、それぞれの地に異なった面白さがあります。

たとえばハワイであれば、もともと日本人の移民が多い土地柄も手伝って、街を歩けば日本語が聞こえてきたり、言葉が通じる場面に出くわすことも多々あり、日本文化が根付いていることに、驚きます。

一方、プーケットでは、同じリゾート地であっても、ほとんど日本人旅行者を見かけません（シーズンにもよると思います）。

照りつける日差しや、湿度を感じる空気感、高い空、エメラルドグリーンの海に咲き誇る花、人懐っこい笑顔……目に見えるもの、肌で感じるものすべてにあふれる開放感。誰も知らない場所、日常と完全に切り離された空間で、自分に存分に贅沢をさせてあげられる場所です。

ゆっくりと時間が流れるこの地では、あえて予定を詰め込まず、のんびり過ごすのがおすすめ。喧騒《けんそう》から離れ、美しい自然に身を浸してみてください。

桃源郷のような癒しの空間「アマンプリ」

サンスクリット語で「平和なる場所」を意味する、タイ・プーケット島のリゾート「アマンプリ」。タイの寺院をモチーフにした外観と、古都アユタヤの建築様式で建てられたアジアンスタイルの客室が自然に溶け込むように建つ美しいホテルです。

アマンといえば、現代のリゾートホテルデザインのルーツとして知られていますが、その原点である最初のホテルが、ここ「アマンプリ」。リゾート旅好きの私としては、一度は訪れてみたいと思っていた憧れのホテル。そこで、自分へのご褒美旅として「アマンプリ」を宿泊先に選びました。

プーケットの空港に降り立ってまず感じたのは、水分を含んだ東南アジアらしい蒸し暑さ。そこから、ホテルの送迎車に乗り込み、車で走ること約40分。世界のアマン誕生の地「アマンプリ」に到着しました。

エントランスには、10人近いスタッフがずらりと並んでお出迎え。やや緊張感を覚えながらも、背筋を伸ばしてロビーへ足を踏み入れると、アマン愛あふれる美人マネージャーから丁寧なご挨拶をいただきました。心地よい旅のはじまりの予感！　マネージャーと、今まで訪れたアマンの話ですっかり盛り上がってしまい、「お客様はもうアマンジャンキーですね」と言われ、ちょっとした推し仲間気分でした（笑）。

ちなみに、ここアマンプリのエントランスは特に扉などがなく、完全なるオープンエア。フロントデスクというより、小さな机が両サイドにひっそり置かれているだけなのです。シンプルながらも、すべてがアマン空間に溶け込んでいる完全なる美しさ。エントランスからは、海に向かって黒色のタイルが貼られた「ブラックプール」がゆらゆらと揺らめき、その光景は、まさにザ・アマン！

「あぁ、来てよかった」と、早くもため息の漏れる旅の幕開けでした。


受付が済み、部屋までアテンドされる途中、すでに私は目に飛び込んでくる風景に心打たれていました。青い空と海、背の高いヤシの木、景観に溶け込むように立つナチュラルカラーの和傘のようなビーチパラソル、空に映える白いブーゲンビリア、そして、長い階段を下りるとビーチへ……まるで映画の主人公になったような気分。とにかく、どこを切り取っても絵になる美しさなのです。

ホテル内は、清掃が行き届き、すれ違うホテルスタッフは、みな笑顔。ゲスト数に対してスタッフが何倍もいるという話は大げさではないようで、心地よいステイのはじまりに胸が躍りました。

「何もしない」を楽しむ贅沢な時間

いよいよ、お部屋へ。お部屋は森の地形を生かしたヴィラで、広大な敷地内に点在しています。お部屋に着くまで50段以上の階段を上りますが、長く感じないのは、上れば上るほど視界が開けていくから。それぞれのお部屋の特徴的な屋根やキラキラした海が目に飛び込んできて、その美しさに見惚れながら階段を上りました。

私が予約していたお部屋は、オーシャンビュー プール パビリオン。天井は高く、窓から外はあえて見えないようになっていて、柔らかな光だけが差し込んでくるのです。お部屋の正面には、ビーチチェアやリゾート地特有の掘りごたつのようなテーブルがあるリラックスエリアとインフィニティープール。目の前に広がるビーチが、刻々と色を変えていく様子を眺めて過ごすことができる、まるで桃源郷のような空間。

聞こえるのは、風に吹かれて葉が擦れる音や鳥のさえずりなど、自然の音のみで、自分の足音がやけに大きく聞こえるほど。「何もしない」を楽しめる贅沢な空間に、自然と体がゆるんでいくのを感じます。サービスも適度にフレンドリー。いい意味で都会的なムードとは対照的な、リラックスした空気に包まれていました。

大きく見える夕日が水平線に沈んでいくと、ディナータイム。ドレッシーに着替えたゲストたちが、プールサイドに並ぶレストランへ入っていく姿が見えました。

私はタイ料理レストランへ。波の音、プール越しに聞こえるタイ民族楽器の音色、南国の星空の下で風を感じながらの開放的な食事は、最高の贅沢。さっそくいただいた本場のトムヤムクンは、食欲をそそる香りでクセがなく、洗練されたお味。「これが世界3大スープのひとつなのね」と大感激！　まさに五感で楽しむ素敵な時間です。

ウエイターに、日本語で「お味はどうですか？」と聞かれたので、満面の笑みで「アロイマー（すごく美味しい）」と答えると、彼も最上級の笑顔で「うれしいです！　よかった」と日本語で伝えてくれました（笑）。

「美味しい」というその国の言葉を覚えるだけで、心温まるコミュニケーションができるのも、旅の楽しみのひとつです。

食事が終わり部屋へ戻ろうとすると、スタッフの方が、「お部屋の近くまでカートで送ります」と声をかけてくれました。でも、夜風に当たりたかったので、「ありがとう！　気持ちいいから、ここから歩いて帰ります。おやすみなさい」と伝えて、お部屋までお散歩することに。途中、車道を渡る場所もありますが、そこにはホテルのスタッフの方が立ってくれているので安心。異国の地であっても、ここなら夜道も怖くありません。

部屋に戻ったら、日焼けしたお肌にスペシャルスキンケアをしたり、大きなバスタブにバスソルトをたっぷり入れて半身浴をしたりして、夜のリラックスタイム。心も体もしっかり癒されたからか、ベッドに入るといつの間にか眠りに落ちていました。

旅の楽しみが倍増するヘルシーなタイ料理

朝、鳥のさえずりでスッキリ目覚め、入り口を開けると、朝焼けに彩られた森やインフィニティプールが美しく、思わずカメラに手が伸びました。

朝食は、タイ料理のメインダイニングでテーブルオーダービュッフェ。席を立たずに気になるものを好きなだけ食べられるうれしい形式です。

ヘルスケアに適したジュースの種類が豊富で迷いましたが、初日はデトックスジュース、翌日は抗酸化ジュースをチョイスして、自分なりの美容&ヘルスケアプログラムに。リゾート地らしく、トロピカルフルーツプレートやタイマンゴーヨーグルト、アサイースムージーボウルもお約束。

パン好きの私は、ベーカリーバスケットがお気に入りに。4種類の自家製ジャムがつくのです。「パパイヤ・バニラ」「パイナップル・ジンジャー」「ラズベリー・レモングラス」「オレンジ・カルダモン」。ハーブとの組み合わせが魅力的!

ひと通り食べていたら、スタッフの方に「お気に入りは見つかりましたか？」と声をかけられたので、「どれもタイらしくて素敵だけど、ラズベリー・レモングラスが一番好き！アロイマ〜」と伝えると、昨日より少し上達した発音を褒められました。朝から、こうした何気ないやりとりができるのも旅の醍醐味です。

他にも、蟹の身がたっぷりの「Kai Jeaw Pu（カイチャオプー）」というタイスタイルの揚げ焼き風オムレツなど、タイ料理はそそられるものばかり。ポーションが適量で、味が濃くないし、カロリーも高すぎないので、胃もたれすることなく、体も重くなりません。ヘルシーなタイ料理にすっかりハマり、毎日タイ料理でもいいな、と本気で思いました。

タイ式アフタヌーンティーは滞在中の楽しみ

夕方は、プールサイド近くで開かれる宿泊者対象のタイ式アフタヌーンティーへ。ゲストはみな水着のままなど、リラックスした感じでふらりとやってきます。

ミニサイズのバナナケーキやマンゴーケーキ、トロピカルフルーツ、ココナッツを使用したもっちりしたスイーツや、バナナやマンゴーのスティッキーライスなど、たくさんのタイスイーツが並んでいました。

中央には何やら、たこ焼き器のようなものが置かれ、そこにスタッフ3名が常駐し、生地を流し込んで、具材を入れて焼いている様子。なんだろ？　ネギやコーンがのっているものがあるから、お味は塩系？　いや、バナナやチョコがのっているものもあるということは、甘いたこ焼き？　不思議そうな顔で眺めている私に、スタッフの方が笑顔で「タパ焼きですよ」と教えてくれました。「タパ焼き」というタイ語があるのかと思いきや、日本人の私に「たこ焼きのようなものですよ」と伝えたかったようで、その心遣いと「タパ焼き」を必死に検索した自分に思わず笑いが。

実はこの食べ物、タイのおやつ「カノムクロック」といって、屋台などでよく見かけるポピュラーなものなのです。一般的には、小麦粉と上新粉にココナッツミルクとお砂糖を混ぜてつくった生地をたこ焼き器のような鉄板に流し込み、その上にネギやコーン、タロイモ、ココナッツ、フルーツなどをのせて焼き上げます。意外とクセになる味で、私は滞在中、毎日食べました（笑）。

アマンプリにいるだけで癒されるのは、とにかくフォトジェニックな楽園で、敷地内の散歩だけでも楽しいからかもしれません。複数のプールやテニスコートを巡りながら、大木や花を愛でるだけでも、心がほぐされていくのを感じます。そして、プライベートビーチの波打ち際に行くと、足元でたわむれるエンジェルフィッシュの群れ。ここは名実ともに本当の楽園、心からそう感じるのでした。

すっかり楽園に染まったころに、旅立ちの日は訪れます。大勢のスタッフに見送られながらアマンプリを後にし、プーケット空港に到着すると、空港で待機していたアマンスタッフがお出迎えをしてくれて、荷物はもちろん、空港カウンターでの手続きもすべてしてくださいました。さらには、アマンのゲスト様として、空港利用についての説明まで懇切丁寧に。アマンパワー、恐るべし！

今回は、ホテルから一歩も出ず帰路に就くことになった完全ホカンスで、島というよりアマンプリを楽しんだ、純粋おこもり旅。贅沢な時間を過ごす中で満ち足りていく自分を感じる、そんな最高のご褒美滞在となりました。

若者中心の文化で活気あふれる都市――ソウル

日本の空港から約2時間半で行けるお隣の国、韓国の首都ソウル。週末を利用して1泊2日で気軽に行ける海外です。ソウルは比較的治安もよく日本人旅行者も多いため、女性のひとり旅にもうってつけ。

洗練された大都市エリアや、伝統と現代が共存するエリア、おしゃれなカフェが立ち並ぶエリアなど、さまざまな魅力がありますが、コンパクトな街なので自分の好きなエリアの近くに泊まり、そこを起点に他エリアへ移動してもOK。地下鉄もわかりやすく便利なので、ひとりでも行動しやすく、ショッピングやグルメ、エステ、観光など、好きなことをとことん楽しむスタイルのご褒美旅におすすめなのです。

私のソウルの印象は、「エネルギッシュな街」。メイク、ファッション、音楽などの若者文化が活発なのはもちろんのこと、韓国の人は、よく食べて、よく話し、よく動く、そんなたくましさを感じます。

たとえば、カフェで休んでいると、隣から聞こえてくる会話が喧嘩のように感じることもありますが（笑）、自分の意見をはっきり伝えているだけなのです。また、言いたいことは言うけれど、一度心を許すと人懐っこい表情を見せてくれることも。

明洞（ミョンドン）の人気店で食事をしていたときのこと。お店の人がお客さんの回転を早めようと、まだ食べているお皿も下げる勢いだったので、「まだ食べてるよ！　オモニ、マシッソヨ！（お母さん、美味しいよ）」と笑顔で伝えると、お店の人は急にうれしそうな表情になって、テーブルにある無料の容器にお漬物をいっぱい詰めてくれた、なんてこともありました。そういうストレートな人間らしさが心地よく、妙に楽しかったことを覚えています。

ホスピタリティが心地よい「フォーシーズンズ　ホテル　ソウル」

私がソウルでよく宿泊するのは、歴史的スポット、「光化門（クァンファムン）広場」のすぐそばにある「フォーシーズンズ ホテル ソウル」。朝鮮王朝の王宮「景福宮（キョンボックン）」や、朝鮮時代からの伝統的な街並みが残るレトロなエリア「三清洞（サムチョンドン）」が近く、このあたりをすぐに散策できるため、こちらをよく利用しています。

最近宿泊した「デラックスキング」のお部屋は、落ち着いた色調で街を見下ろす大きな窓辺に、デイベッドがしつらえてありました。デイベッドに体を預けてソウルの街並みを見ながら本を読んだり、書き物をしたりするのも、充実した自分時間の過ごし方です。

私はホテルでは、館内の施設やサービスもあれこれ楽しむ派。ここに泊まるたび楽しみにしているのが、ホテル内で体験できる「コリアン ボディ スクラブ」（垢すり）です。サウナ文化がある韓国では、サウナでたっぷり汗をかいた後に垢すりをするのが定番で、街中にもサウナ&垢すりのお店はたくさんありますが、初めて入店するときは、ちょっと勇気が必要。でも、ホテル内のスパなら安心です。

前回訪れた際は、マッサージとシャンプーも組み合わせてお願いし、セラピストの方の凄腕に大感動！　手際よくスピーディーでありながら、完全にツボを押さえたプロの技に、身も心もとろとろになりました。

そして、このホテルの素晴らしいところは、やはりホスピタリティ。スタッフの方はさりげなく、でもよく見てくださっていて、必要なタイミングですっと声をかけてくれるのです。出過ぎないけれど人懐っこい、そんな対応に心をつかまれています。

実は、以前、朝ピラティスを予約していたのに時間に少し遅れて慌ててしまったことがありました。申し訳ないな、という気持ちで出向いた私に、スタッフの方は笑顔で案内してくださり、トレーニング中も韓国語がわからない私を終始気にかけて、身振り手振りで教えてくださいました。

さらに、先日訪れた際も感動する出来事が。品ぞろえもクオリティも素晴らしい朝食ビュッフェがとにかく圧巻で、毎日通っていたのですが、3日目の朝、お気に入りのグルテンフリーマフィンをいただこうと見ると、品切れ。ちょっぴり残念に思っていると、ホテルの方に「どうされましたか？」と声をかけられたので、理由を伝えました。すると、「ベーカリーに確認して、お持ちします」とおっしゃるのです。結局、焼き上がりのタイミングが合わなかったのですが、ゲストのささいな気持ちに気づいて、なんとかできないかと動いてくださった心遣いに大感激。感謝を伝えると逆に喜んでくださり、心に残る出来事となりました。

ホテルを選ぶ際は、こうした温かい気遣い、ホスピタリティが感じられるかどうかもポイントですが、ここには確かにそれがある。だから、私はリピートしています。

グルメ好きにはたまらない「ソウル新羅ホテル」

もうひとつの、お気に入りホテルは「ソウル新羅《シーラ》ホテル」。4年連続で経済誌『Forbes』にノミネートされた記録を持つ、ソウルを代表する5つ星ホテルです。

改装されたお部屋も快適ですが、ここでの私の好奇心は食。なかでもエグゼクティブラウンジが非常に充実していると聞き、ラウンジが使えるお部屋を予約したところ、これが「レストランに行かなくても、十分食事まで済ませられるのでは」と思うほどのラインナップ！　18時からのカクテルタイムは、アルコールも豊富でセレクトのセンスも素晴らしく、見ているだけでもワクワクしました。

朝食は、ラウンジで出る軽食だけでも十分なほどでしたが、女性スタッフの方が「朝食はラウンジとレストランをハシゴしてもＯＫですよ！」と茶目っ気たっぷりに伝えてくださったので、好奇心に任せて両方をチェック。

人気の朝食も素晴らしく、ホテルの方に「どちらも、とても美味しかったです。おすすめしてくれてありがとう」と伝えると、はにかみながら「最高に満足して帰っていただきたいので」と答えてくれました。

「人に喜んでもらいたい」、それはシンプルだけど一番大切なこと。彼女の笑顔に、そう教えてもらいました。

さらに、こちらのホテルを選ぶもうひとつの理由は、23階にある「羅宴（ラヨン）」。羅宴は、韓国で初めてミシュラン３つ星を獲得した伝統的な韓国料理のレストラン。「韓国の伝統料理の味を繊細かつ上品に表現したお店」と評される、その言葉通り、全国から厳選された旬の素材でつくるコースは、期待を裏切らない確かな味です。

私は食いしん坊なので、グルメな「ソウル新羅ホテル」での、美味しい食事も自分へのご褒美となりました。

「フォーシーズンズ ホテル ソウル」を起点に出かけるおすすめスポット

フォーシーズンズ ホテル ソウルに宿泊するときに、私がいつも訪れる史跡やエリア、人気のスポットを挙げてみました。中には行列覚悟のお店も！ 旅の参考になりましたら。

・景福宮（キョンボックン）

12万坪以上の敷地を持つ朝鮮王朝の王宮。風水で縁起がいいとされる白岳山（ペガクサン）の麓に建てられ、パワースポットとしても知られています。ソウルにある5大王宮の中で最も大きく、優れた建築美を誇る建物。敷地内には、国宝に指定された文化財が多くあります。

・三清洞（サンチョンドン）

歴史的建造物が多く、朝鮮王朝時代の伝統的な街並みが残るレトロなエリア。伝統家屋の韓屋（ハノク）を利用したカフェやレストラン、ショップが多く、現代ギャラリーも楽しめます。現在も、約９００軒の伝統韓屋が残り住居として使われています。

・カフェ レイヤード（安国店）

韓国に５店舗あるスコーンが人気のカフェ。華やかなケーキに目を奪われますが、まずはプレッツェルバタースコーンを。ふんわりむちっとした食感を楽しめます。

・北村（プクチョン）文化センター

北村の歴史や文化を共有することを目的としてつくられた施設で、無料で入館可能。建物は朝鮮王朝末期の財務官の屋敷を改修したもの。中は自由に見て回ることができ、撮影スポットとしても楽しめます。

・カフェオニオン（安国店）

韓屋をリノベーションした趣のあるベーカリーカフェで、朝から大行列！　パンの種類は豊富ですが、一番人気はイタリア発祥の「パンドーロ」。

・アーティスト ベーカリー（安国店）

２０２３年12月にオープンした塩パン専門店。大人気のベーグル店「ロンドンベーグル」の姉妹店です。塩パンが再燃中の韓国。日本では見られない、いろいろな種類の塩パンがいただけますよ。いつも長蛇の列なので、午前中に行かないと入れないことも。

・ビウォントッチッ

１９４９年創業の韓国伝統菓子の店。以前は別の場所で、注文生産のみ受け付けていたそう。「トゥトプク（蒸し餅）」や「ソルギ（蒸しパン）」など丁寧に手づくりされた菓子が並んでいます。賞味期限は１日。日持ちはしないので、滞在中のおやつにどうぞ。

ソウルの「今」を知りたいならこのエリア

今、ホットな場所といえば、ソウルのブルックリンとも言われる、**聖水洞（ソンスドン）**。靴産業の地として知られた職人の街が進化し、工場や倉庫をリノベーションした雰囲気あるカフェやショップ、アートギャラリーが立ち並びます。見て回るだけでも楽しめますよ。

また、**漢南洞（ハンナムドン）**も、ファインダイニングや注目のショップが並ぶ大人の女性が楽しめる街です。

汝矣島（ヨイド）に誕生したソウル最大規模のデパート**「ザ・現代ソウル」**も外せません。注目は話題のカフェやスイーツショップ、老舗などが出店している地下1階。フードコートは韓国最大級。さらに、韓国発のカジュアルファッションや雑貨が集まる地下2階も必見。見逃せないソウルの「今」が集結しています。

ソウルの街を歩いて、新たな刺激をいただくご褒美旅を楽しみましょう。

世界遺産の中で非日常感に包まれる──イタリア

イタリアは、地中海の真ん中に長靴の形に突き出した国。紀元前1~5世紀にかけて栄えたローマ帝国時代の建築物が現在も残るなど、世界遺産が街のあちこちに点在する史跡ロマンあふれる場所です。世界的に有名なレオナルド・ダ・ヴィンチ、ミケランジェロなど、芸術家の巨匠たちが生まれた国でもあり、絵画のみならず、音楽、ファッション、グルメなど、魅力がいっぱい！

歴史が好きな私は、日本とはまた違った古代からの歴史を持つイタリアに興味津々で、いつか訪れてみたいと密かに思っていました。そこで、仕事が一段落したときに、思い切ってヨーロッパへ訪れてみることにしたのです。

フライト時間が長いので疲れるかな？　なんて思っていましたが、疲れるどころか、目にするもの、耳にするものすべてが新鮮で、イタリアを旅することでエネルギーに満ちていくのを実感！　訪れたのは、ファッションの街ミラノ、芸術の街フィレンツェ、水上都市ヴェネツィアの３都市。それぞれに異なる魅力があり、すっかりイタリアのファンになりました。

イケオジ出没でお姫様気分に——ミラノ

ミラノに着いたのは夜だったため、予約していた**ブルガリ ホテル ミラノ**へ、すぐにチェックイン。明日は朝から行動しようと、ぐっすり眠りました。

朝起きると、快晴！　ホテルの周りを散策しながら世界最大級のゴシック建築の大聖堂、**ドゥオモ（Duomo di Milano）**へ。１３８６年、大司教アントーニオ・ダ・サルッツォによって着工され、約５００年もの歳月をかけて、19世紀に完成したそうです。

観光客であふれるドゥオモの前で、その大きさと美しさに圧倒されながら、空を突くように伸びた多数の尖塔や壁に施された美しい彫刻に見惚れていると、その横をすっと自転車で通り過ぎる50代くらいのおじさまが。地元の方だと思うのですが、まるで雑誌の中に出てくるようなおしゃれなイケオジです。たまたまかな？　と思いましたが、周りをよく見ると、イタリアのおじさまたちがイキイキしているように感じます。そこから私の、人にフォーカスするクセがはじまりました（笑）。

アルマーニやグッチも出展するミラノコレクションが開催されるミラノは「ファッションの都」と言われますが、実際に街ゆく男性を観察してみると確かにおしゃれ。まさに「伊達男」という言葉がぴったりなのです。道に迷いキョロキョロしていると、イタリア人のおじさまが「頑張ってね！」と言いたげに、ウインクをして通り過ぎていったりします。

また、カフェに入って、カプチーノについてきたビスコッティを浸して食べようか、後から食べようか迷っていたときも、隣の席のイタリア人のおじさまが、ニコニコしながら手真似でカップの中にビスコッティをツンツンして、「こうして食べると美味しいよ」と教えてくれました。

最もイケオジ出没率が高かったのが、滞在していたブルガリ ホテル ミラノ。オープンエアなレストランから駐車場が見えますが、そこには億超えも含む迫力のイケオジ高級車がずらり。「ここは、もしかして、実在するレオン劇場⁉」と思いながら、ふと横を見ると、3人組のおじさまが、スマホを見せ合いながら、キャッキャッと少年のように屈託のない笑顔で、楽しげに話していました。どうやら、自分の乗っている車を見せ合いっこしているよう。3人とも洋服をわざと着崩し、おしゃれで色気あふれる印象。年齢問わず自分の魅力を最大限に引き出していました。

しばらくすると、そこにモデル張りの美女3人がやってきて、おじさまたちと合流。そこにはさわやかさしかなく、6人で楽しそうに賑やかに食事をしていて、人生を謳歌している印象を受けました。

年齢に抗《あらが》う様子もなく、人生を楽しんでいるイタリア人の男性。とにかく女性に優しく、レディーファーストでお姫様気分にさせてくれるのが、なんとも上手。

経験を積んでいるからこその余裕と人生の楽しみ方を垣間見たようで、人生は自分が主人公であることを思い出す、そんなミラノのご褒美旅となりました。

五感が刺激される芸術の街――フィレンツェ

ミラノから高速列車フレッチャロッサに乗って、フィレンツェへ。車内も快適で、1時間半くらいで到着しました。

芸術の都として知られるフィレンツェは、1982年に、「フィレンツェ歴史地区」が世界遺産に登録され、ルネサンス文化を感じることができる街。ボッティチェリ、レオナルド・ダ・ヴィンチ、ミケランジェロなどの名画がこの地で誕生しているのは、当時、フィレンツェの大富豪であったメディチ家が、富とセンスのすべてを注ぎ込み、才能ある芸術家たちを守ったためと言われています。

そんなここフィレンツェは、街全体がまるで美術館のよう。フィレンツェのシンボルでもある丸い屋根のドゥオモ、**サンタ マリア デル フィオーレ大聖堂（Cattedorale dil Santa Maria del Fiore）**は、街のどこからでも見える、イタリアの初期ルネサンス建築を代表する建造物です。

ドゥオモの屋上に続く階段は463段。階段が苦手でヘタレな私ですが、他の観光客の方から「あと少しだよ」と励まされながら、やっとの思いで上りました。

赤煉瓦色の屋根に覆われたフィレンツェの街並みを見て脳裏に浮かんだのは、フィレンツェを舞台にした辻仁成さん、江國香織さんの小説『冷静と情熱のあいだ』。小説のワンシーンを思い返して、「私は今、あの世界にいる。本物だ」と本の中に入り込んだ気持ちに。じわ〜っとした感激に包まれながらドゥオモを降りると、道端に座ってドゥオモの風景画を描いているひとりの青年が。その姿がまた絵になり、イタリアを感じたものでした。

フィレンツェといえば、**サンタ マリア ノヴェッラ教会（Basilica di Santa Maria Novella）**も見所のひとつ。フィレンツェのドメニコ派の修道士たちによって、1279年から建設がはじまり、1420年に完成したそうです。内装のフレスコ画や礼拝堂のステンドグラスが美しく、名画と言われる作品が普通に展示されているのには、驚きます。レオナルド・ダ・ヴィンチの「モナ・リザ」は、この教会内の「教皇の間」に住み込んで描かれたそう。本物の芸術が日常の中に溶け込んでいることに、不思議な感覚を覚えました。

お隣にある**サンタ マリア ノヴェッラ薬局（Officina Profumo-farmaceutica di Santa Maria Novella）**本店は、600年以上もの歴史がある世界最古の薬局。病気の予防としてハーブやお花などを調剤していた修道院の活動からできたそうで、当時のレシピを引き継いだ、天然素材のスキンケアやヘアケア、ボディケアアイテムなどが、商品化されています。私はこちらのバスオイルが大好きで、自宅で何本も愛用するほど。ハーブのいい香りが漂う店内にいるだけで、体内が浄化された気分になりました。

そんなフィレンツェでの楽しみのひとつは、狭い路地を歩く朝の散歩。早起きをして、朝靄《あさもや》に煙るフィレンツェの街並みを歩いていると、まるで絵画の中に入り込んでしまったかのよう。石畳の道を踏みしめながら、中世の人々も同じ道を歩いていたのかと思うと、感慨もひとしおでした。

途中、小さな革工房を見つけ足を踏み入れてみることに。職人さんが革製品をつくっていたのですが、その姿がなんとも渋いのです。腕ひとつで伝統と技術を守りながら生きている責任とでもいいましょうか。穏やかな笑顔とピリッとした空気にいたく感動し、小さなコインケースを購入しました。

他にも、ふらりと入ったパン屋さんでパンを買ったり、ジェラート屋さんでイタリアならではのフレーバーに挑戦したり。フィレンツェはジェラートの発祥地なので、ずいぶんジェラートも食べました（笑）。

見るもの、味わうもの、耳にするもの、五感が刺激されるフィレンツェの街。またゆっくりと訪れたい場所のひとつになりました。

映画のセットに入り込んだ感覚に――ヴェネツィア

水の都、ヴェネツィア。これまで雑誌やテレビなどでヴェネツィアの街の様子を見ることはありましたが、まるで映画のセットを見ているようで現実のものとしてとらえることができず、いつかこの目で見てみたい、そう思っていました。

そう、ヴェネツィアは、私にとって、イタリア旅行のハイライト。

フィレンツェから高速列車に乗って約2時間。「ヴェネツィア・サンタルチア駅」に到着。駅を降りると、水面に浮かんでいるような美しい街がお目見えしました。「これが、本物のヴェネツィアなんだ〜」と感動に浸りながら、予約していたホテルまで船に乗って向かうことに。

船の上からヴェネツィアの街並みを眺めていると、まるでテーマパークの中に紛れ込んでしまったかのよう。でもここは、テーマパークではなく、1000年以上の歴史を持つ本物の街。ここで生活している人がいると思うと、不思議な感覚になりました。

滞在を決めたホテルは、**ホテル ダニエリ ヴェネツィア**。現在は3つの建物が廊下でつながれていますが、一番古い建物は14世紀に建てられたダンドーロ家の屋敷。ダンドーロ家はヴェネツィア共和国で提督《ていとく》という要職にあった名門です。宿泊客には、バルザックやワーグナー、ゲーテなどの歴史的人物の名前もあり、今も華やかな雰囲気が残っているホテル。フロントは、時が止まったかのような中世ヴェネツィアの趣を保った重厚感あふれる空間。床を踏むとギシッと音が出る廊下やお化けの出そうな広い部屋での夜も（笑）、中世ヴェネツィアを偲《しの》ぶゴージャスな体験です。

現在はイタリアの市のひとつとなっているヴェネツィアですが、実は、7世紀末期から約1000年以上にわたり、歴史上最も長く続いた共和国でした。そのため、ロマネスク、ゴシック、ルネサンスなどさまざまな建築様式が調和した歴史的建造物があちこちにあり、街を歩けば映画の主人公になったかのような気分になれるのも、魅力のひとつです。

ヴェネツィアはコンパクトな街なので、お散歩する感覚で気が向くままに歩いてみることに。疲れたときは、お気に入りのカフェに入って運河を行き交う水上バスを眺めながらテラスでお茶。それだけでも十分、ご褒美に匹敵する眺めなのです。

街の移動は、徒歩か水上タクシーのみ。本当に車が通っていないことに驚かされますが、気ままに歩いていると、可愛い雑貨屋さんや、ジェラートショップ、お土産屋さんに出会える、それも楽しい時間でした。

心を奪われた空間絵画のような景色

ここヴェネツィアで最も感動した景色といえば、ホテル ダニエリの屋上テラスにある朝食レストランからの眺め。ここは、ジョニー・デップとアンジェリーナ・ジョリーが共演した映画『ツーリスト』のロケ地にもなった場所。朝日に照らされて輝く大運河と美しい街並みを360度ぐるりと見渡せるこの場所にいると、絵画空間の中に入り込んだかのような気持ちになりました。それくらい、リアルなのにリアルと思えないようなファンタジーの世界に見えたのです。

贅沢な時間を過ごしたヴェネツィアともいよいよお別れの日。ホテルをチェックアウトし、ホテルの裏口に横付けされたタクシー代わりのプライベートボートに乗り込んで、港へ向かいました。これがまるで、スパイ映画の脱出劇のよう。屈強な漕ぎ手の方に下船をお手伝いしてもらい、最後の最後まで映画の主人公のようだなと感じ、思わずほくそ笑みました（笑）。

この異世界にお別れをするのは少し寂しいけれど、五感をめいっぱい刺激され、自分の中の好奇心がむくむく湧いてくるのを感じたイタリアの街。「この好奇心を大切に、また新たな気持ちで頑張ろう！」とパワーをいただいた旅となりました。

日本の原点を感じる「好き」が詰まった街――京都

さて、次のご褒美旅の舞台は日本。なかでも、京都はかれこれ40回以上通っている大好きな場所です。なぜ、こんなに足しげく通うのかというと、日本の原点を感じられるから。日本の伝統的な文化や景観に、日本人としての誇りを感じるからかもしれません。

また、私にとって、京都は第二の故郷のような場所でもあるのです。最初は冒険するような気持ちで京都に出かけていましたが、お気に入りのお店が見つかったり、会いたい人ができたりするうちに、何度も訪れたくなったのです。それは、「ただいま」と言ったら、「おかえり」と受け入れてくれるような、自分の心が整う感覚。

だから、私はリフレッシュしたいときは京都に行き、好きな場所、好きなお店を巡ります。それはまるで恋人に会いに行くようなご褒美感覚。旅を通して見つけた「好き」は、体も心も元気にしてくれますよ。
次に、私が京都で見つけた3つの「好き」をご紹介します。

ひとつ目の「好き」は、**早朝の清水寺**。言わずと知れた名所で、観光客で賑わう清水寺ですが、私は朝6時の開門に訪れるのがお気に入りです。早朝は人混みもなく、清水寺の魅力を存分に堪能できることはもちろん、何より空気が凛としていて、とても清々しい！しばらく朝の空気を感じながら「清水の舞台」からの景色を眺め、境内にある音羽の滝の名水をいただくと、不思議と身が清められていく感覚に。思考も体も浄化される、とっておきのありがたい時間です。

2つ目の「好き」は、**骨董屋「てっさい堂」**。私は時を超えた美しさを持つ骨董品に魅力を感じていますが、なかでも江戸時代につくられた「古伊万里」は、大好きな骨董品のひとつです。

てっさい堂は、古伊万里をはじめとした骨董を扱う超有名店。店内に整然とぎっしり並べられた器やお道具などを見ては、その美しさにため息が出ます。骨董品に描かれた季節を感じさせる絵や繊細な色使いの芸術性の高さに感服しながら、「これをどんな方が、どんなときに使ったのだろう?」と想像すると、自然と顔がほころんでしまうのです。

てっさい堂に初めてひとりで足を踏み入れたときは、それはもう緊張しました。あまりにも有名なお店なので、ただただ好きな気持ちひとつで入店しては、失礼に当たるのではないかと思ったのです。でも、そんな様子を汲み取ってくださったのか、てっさい堂の方は「純粋にいいと思ったものを、楽しんだらいいんですよ」「しまい込まずに、普段通りに使ってくださいね」など、いろいろお話ししてくださいました。以来、ますます古伊万里の世界に誘われ、京都に行くと、毎回通う大好きなお店となりました。

3つ目の「好き」は、私が愛してやまない**京小料理店「游美」**。ここに行くために京都に通っているような気がするほど、食通を魅了する貴重なお店です。

最高クラスの京料理やフレンチの技法とご主人の天才的なセンスで、旬の食材が、唯一無二の感動のヒトサラに。豪勢さや芸術的盛り付けに頼らず、ただただ最高の味を求め、バランス、タイミング、温度、火入れ、仕込み、食材の組み合わせ、インスピレーションなどで、生み出されるお品。

京都ではお馴染みの白和えや真薯《しんじょ》も、「なんなのこれ美味しい！」と思わず声が出るほど、どこまでも味わい深く、まるで口の中に小宇宙が広がるような感覚になるのです。

私は、このお店で初めてお料理の美味しさを五感で感じました。どのお料理も丁寧につくられていて、味付けが絶妙。奥深い旨みを堪能できるお料理ばかりで、訪れるたびに「これぞ、一流の料理人の素晴らしさだ！」と感じ、自然と笑顔になってしまうのです。

あるとき、ご主人の小長谷さんに、「なぜこんなに美味しいのですか？」と直球でたずねてみました。すると、「当たり前のことを当たり前にしているだけなんですよ」と優しく話してくださいました。

一見無口に見える職人気質な小長谷さんは、実は楽しくおちゃめなお方。ご主人のつくるお料理と、その温かいお人柄に触れたくて京都に行くと言っても過言ではないくらい、日本で一番好きなお店です。

自分にとっての「好き」な場所を見つけると、ノンストレスな旅になります。元気が出ないときにふらりと出かけるだけで、エネルギーが湧いてくる、そんな場所を見つけられるのも、ひとりご褒美旅の楽しさですね。

絵巻物の世界観に浸る「アマン京都」

京都で特別感のあるホテルといえば、「アマン京都」。かつての所有者が織物美術館をつくることを夢見て、丁寧に育んできた森の庭にあり、広大な敷地の中に佇むホテルです。京都にはたくさんの観光スポットがありますが、アマン京都は、ここから出るのがもったいないと感じるほど「京都のおこもり旅」にぴったりの宿。

私は、紅葉の季節に訪れましたが、まさにホテル全体が絵巻物を見ているかのような世界観。かつての所有者のセンスと洗礼されたアマンの美学がかけ合わさって、日本のよさを最大限に活かしている印象です。

敷地内には裏山などもあり、宿泊しないと立ち入ることができない自然がいっぱい！

この広大な敷地をホテルスタッフがナビゲートしてくれる「森の庭散策」をお願いしたところ、ところどころに置かれている石の造作物と日本的な自然が相まって、遺跡の世界に迷い込んだような気分に。マイナスイオンをたくさん浴びて、心も体も整いました。

宿泊棟は重厚感のある2階建て建物で京町屋の格子からインスパイアされた外観。大きな窓から見える癒しの木々が美しく、森の中で過ごす感覚です。インテリアは、和モダンで落ち着く空間。バスルームは大きな檜のお風呂で、洗面台の窓からも木々の景色が楽しめます。余計なものが削ぎ落とされた京都らしい部屋で過ごすしっとりと静かな大人の旅は、最高のひととき。

私は宿泊時に、以前からチャレンジしてみたかった「和菓子づくり」体験を申し込みました。創業100年の京都祇園の和菓子店の職人さんが指導してくださる和菓子づくりのアクティビティ。栗きんとんとねりきりをつくりましたが、きれいな形にするのが難しく、プロの技に感服しました。最後はお抹茶と一緒に、自分でつくった和菓子をいただく時間に。こういうアクティビティも、自分へのご褒美になりますね。

アマン京都は、アフタヌーンティーも素敵です。**ザ・リビング パビリオン by アマン**でいただくアフタヌーンティーはお重仕立て。キッシュやテリーヌなど塩系のお重、色とりどりの和菓子や洋菓子が詰められたお重の他、パフェやスコーン、ソルベ、焼き団子など、季節によってさまざまな味を楽しめます。お抹茶も目の前で点《た》てていただけて、和のエッセンスがいっぱい。美しい森の庭を眺めながら、和菓子のようなアフタヌーンティーをいただいていると、〝口福感〟が高まります。宿泊しなくても予約しておけば利用できますので、自分へのご褒美にぜひ訪れてみてはいかがでしょうか。

この他にも、京都で見つけた私の「好き」をご紹介します。

お気に入りリスト 寺町編

・京漬物 福田本店

素材の味を活かしたお漬物が多数そろう、昭和3年創業の漬物店。四季折々の旬の京野菜を丹念に漬けています。

・京都村上開新堂

明治40年創業、京都最古の洋菓子専門店。素朴なクッキーやロシアケーキが有名で、特に11種類のクッキーが詰まったクッキー缶は大人気。予約後1年以上待つことも。その分、届いた際の感激もひとしおです。

・一保堂茶舗（いっぽどうちゃほ）京都本店

創業は1717年。現在は全国に展開していますが、「特撰煎茶」など、京都本店でしか買えないお品を求めて訪れる人が多くいます。併設の喫茶室ではお煎茶や玉露、お抹茶とともに京都の名店から届く和菓子を楽しむことができます。

・アッサンブラージュ カキモト

酸味や甘味、苦味などのバランスにこだわった工夫あふれるスイーツが並ぶ名店。カウンター10席のみのカフェでいただくグラスデザートも人気です。

お気に入りリスト　祇園の裏路地散策

・ZEN CAFE

祇園の老舗和菓子店「鍵善良房」が展開するカフェ。口の中ですっと溶けていく「特製くずもち」や季節の上生菓子など、本店にはないものがいただけます。

・昂（こう）-KYOTO-

ZEN CAFEの2階にある西洋骨董と現代作家の器のセレクトショップ。イギリスやフランスの食器やシルバーなどセンスあふれるお品は感性を刺激してくれます。

・白 HAKU（はく）

祇園の手産専門店。おはぎや季節の柑橘のゼリーなどがあります。すぐに完売する人気店なので要予約。台湾茶などお茶のセレクトも秀逸です。

私がよく行く京都の街のお立ち寄りリスト

・嘯月（しょうげつ）

大正初期に「虎屋」で修行を積んだ初代当主がはじめた生菓子店。店頭に菓子はなく、予約注文のみ。前日までの予約分をお客さまが取りに来られる時間までにつくります。季節感あふれる生菓子は感動もの。

・柳桜園茶舗

長年通うお茶の専門店。熱湯玉露とほうじ茶は定番中の定番。秋の時期だけいただける新茶の「炉開き抹茶」は甘味があり、まろやかで素晴らしい味わいです。

・高台寺 一念坂 金網つじ

伝統工芸「京金網」の店。現代の暮らしにも溶け込む商品は、日本の美と技術を感じる惚れ惚れする美しさ。茶漉しや豆腐すくいなどのお品を買いそろえられます。

・長文屋

七味、一味、山椒の専門店。七味唐辛子は、材料となる山椒・麻の実・糸唐辛子・芥子・青のり・黒胡麻・白胡麻・紫蘇をまぜ合わせて、好みの味に調合してくれます。

・亀末廣

創業1804年の老舗和菓子店。御所や二条城にお菓子を納め、武家や公家、茶人にも愛されてきた名店。杉箱に季節の干菓子や半生菓子が詰められた代表銘菓「京のよすが」を買いに立ち寄る人も多数。

・一文字屋和輔（いちもんじやわすけ）

今宮神社の門前で1000年も続く茶屋。古よりの名物「あぶり餅」は、小さなお餅にきな粉をまぶし炙った後、白味噌のたれで仕上げたもの。この味を求め国内外から多くの旅行者が訪れます。

・梅園 三条寺町店

レトロな店内が居心地よい甘味処。白玉あんみつ・みたらし団子・抹茶わらび餅・栗の渋皮煮・黒糖わらび餅がのった「寺町点心」で五種の和菓子を堪能してみては。

・冬夏 tearoom toka

築100年を超える家屋にある、オーガニックの日本茶とお茶請けのペアリングを楽しむティーサロン。産地や製法、品種や収穫年ごとの味の違いを楽しめます。

・Kaikado Café

明治8年創業〝手づくり茶筒〟の老舗「開化堂」のカフェ。昭和2年に建てられた、洋館を思わせるレトロな建物は登録有形文化財に指定されています。落ち着いた店内で味わうKaikadoブレンドは最高です。

・無碍山房 Salon de Muge

京懐石の料亭「菊乃井」の喫茶。ランチはもちろん、11時30分からの喫茶タイムもおすすめ。一押しは「無碍山房濃い抹茶パフェ」。出来立てがいただける「無碍山房できたて本わらび餅」も人気のメニューです。

・Kew

龍安寺近くにある予約していきたい人気カフェ。店内のみでいただけるとろける英国仕込みのチーズケーキとふんわり生カスタードドーナツは絶品。テイクアウトできる焼きたてマドレーヌもはずせません。

・STARDUST

北区にあるカフェで、オーガニック野菜を使ったヴィーガンランチやスイーツが楽しめます。ドリンクも工夫があり何をオーダーしようか迷ってしまうほど。普通の家と変わらぬ外観で、つい通り過ぎてしまいそうになるのでご注意を。併設のショップもあり。その独特の世界観にファンになる人も多くいます。

・京、静華

左京区岡崎の絶品中国料理店。季節の食材を使った洗練された素晴らしいコース料理は、前菜からデザートに至るまで、目で、香りで、舌でその技を味わうことができます。

・菜処やすかわ

少し遅めの夕食の際に行きたくなる祇園のおでん屋さん。お出汁が京都らしくて美味。だし巻き卵、湯葉、〆の和風ピラフもおすすめです。

・かね正

1866年創業の老舗の鰻屋がつくる「お茶漬け鰻」は絶品。あつあつのご飯の間に常温の鰻を挟んでほんのり温めてから、お茶をかけていただきます。

ご褒美感あふれる京都のホテル

京都にはいいホテルがたくさんあります。先ほど挙げた「アマン京都」の他にも、ご褒美感たっぷりのホテルをいくつかご紹介します。

・HOTEL THE MITSUI KYOTO

三井総領家邸宅跡に建てられた、日本の伝統的な美意識を感じさせる風格あるホテル。堂々たる門構えが素晴らしく、庭園を眺めながらのアフタヌーンティーは必見・必食。注目は、このホテルならではの広い温泉プール「サーマルスプリングSPA」。静かな廊下を抜けてSPAへ向かうと、水音が響く心地よい空間が広がり、水に浸かれば全身の力が抜けて心からリラックスできます。京都の中心部にあり、アクセスも便利。二条城まで徒歩5分の距離と好立地です。

・フォションホテル京都

部屋に入るとその内装の様子に、パリのホテルを懐かしく思い出しました。可愛らしいデザインに、スイーツや紅茶のウェルカムプレゼントでテンションもアップ。人気のアフタヌーンティーは期待以上で、そのホスピタリティにはプライドを感じます。宿泊しなくてもアフタヌーンティーを楽しんだり、ショップだけを利用したりすることもできますよ。京都の台所「錦市場」まで、徒歩10分の場所にあります。

次に、カジュアルで、女子のひとり旅におすすめのアクセスがよいホテルもセレクトしてみました。

・エースホテル京都

アメリカを中心に展開している話題のエースホテルが2020年に日本初上陸。歴史的建築物である旧京都中央電話局を改修してつくられた「新風館」の中にあります。今ある建物を生かし、町に溶け込むことを意識したつくり。アートがあふれるロビーは、国内外から来た多くのゲストがくつろげる癒しの空間になっています。

・GOOD NATURE HOTEL KYOTO

「人にも、自然にも、いいものを」をテーマに心と体に優しく、地球環境にも優しい新ライフスタイルが楽しめるホテルです。サステナブル体験ができることが特徴。木の温もりを感じる館内は、落ち着きがあって女子旅にぴったりな雰囲気になっています。

訪れれば訪れるほど、奥深い魅力に気づく京都。歴史的な文化財や伝統的な景観はもちろん、どこのお店に行っても、自分の手がけるものに誇りを持っているように感じます。そんな京都の人たちと触れ合うと背筋がピンと伸びる思いがして、私も「これだけは」というものを極めたい気持ちになるのです。

日本の原点を感じる京都は、何度訪れても魅力を発見できる場所。ゆっくりと京都の街を散策しながら、あなただけのとっておきの時間を過ごしてみてくださいね。

太平洋を臨む露天風呂で贅沢タイム——熱海・修善寺

福岡に住んでいる私は、温泉といえば、別府温泉など九州方面に行くことがほとんど。なかなか東の方面に行く機会がありません。以前から思っていたのは、太平洋の海を見ながら温泉に入ってみたい！　ということ。そこで、長年の思いを叶えるべく、熱海・修善寺へのホカンスご褒美旅行を計画しました。

選んだお宿は、本格的なオーベルジュ、**ザ・ひらまつ ホテルズ＆リゾーツ 熱海**。趣のある数寄屋造《すきやづく》りのエントランス、海を一望できるダイニング、相模湾を臨むことができるオーシャンビューのお部屋に心が浮き立ちます。

お部屋には名湯の露天風呂があり、まさに目の前が太平洋！　日本海とは異なり穏やかで包容力さえ感じる海。風の音しか聞こえない開放感あふれる空間で、ひとり半露天風呂に入って海を眺めていると、昨日までシャカリキに仕事に追われていた自分は幻を見ていたかのように感じました。

ひらまつホテルズの楽しみといえば、お料理。食材を生かした本格的なフランス料理で、日本の和と洋の組み合わせをいただくのも楽しみのひとつ。朝食も洋食で、日本ならではの空間美を感じながら、焼きたてのパンや、卵料理、スープなどをいただくフレンチスタイルが印象的でした。

そして、もうひとつの目的地、伊豆修善寺へ。夏目漱石、川端康成、尾崎紅葉、高浜虚子などが訪れた地です。歴史の風情を感じられる名所がたくさんあり、ゆっくりした足取りで静かな街を散策。途中、サスペンスドラマに出てくるようなスポットを目の前にして、テンションアップ（笑）。

修善寺で宿泊したのは、**あさば**。ここは500年以上続く温泉宿。趣のある日本ならではの自然と源泉掛け流しの温泉が楽しめて、侘《わ》び寂《さ》びを感じられる美しい宿と評判です。

実際に、評判通りの美しさで、お湯もお食事もすべてにおいて大満足。スタッフのみなさんも非常に丁寧で、余計なことは言葉にされないし、無駄な動きが一切ありません。段取りよく準備されたお食事や、きれいに整えられたお部屋の様子に、心遣いや温かみと「引き算の美学」を感じるお宿です。

また、お部屋から見える池に浮かぶ能舞台や庭園の雰囲気は、時を忘れるほど素晴らしい空間。息をのむ美しさとはこういうことをいうのか、と感慨深い気持ちになりました。

何よりも素晴らしかったのが、朝ごはん。お味噌汁にお漬物、きめ細かい副菜やその場で炙る焼き物など、丁寧で滋味《じみ》深く、ひとつひとつに日本の品格を感じました。火鉢の網にのった椎茸からじんわりと放たれる香りに食欲がそそられます。

火の温かさを感じながら、お櫃《ひつ》の中のつやつやなご飯をよそいほんわり立つ湯気に、幸せを感じるひととき。窓の外に見える能舞台を眺めながら「あぁ、日本って素敵な国だね」と思わず声に出てしまいました。

改めて日本のよさを感じさせてもらえる素晴らしいお宿。いい気が流れる心地よい空間で、日本人としてのDNAが満たされるのを感じ、最高のご褒美となりました。

HOTELS

「ご褒美旅」でピックアップしたホテル

CHAPTER2で挙げたホテルをまとめました。旅の参考にどうぞ。

フォーシーズンズ リゾート フアラライ Four Seasons Resort Hualalai	72-100 Ka'upulehu Dr, Kailua-Kona, Hawaii, USA
グランド ナニロア ホテル ヒロ ア ダブルツリー バイ ヒルトン Grand Naniloa Hotel Hilo a Double Tree by Hilton	93 Banyan Dr, Hilo, Hawaii, USA
SCPヒロ ホテル SCP Hilo Hotel	126 Banyan Way, Hilo, Hawaii, USA
アマンプリ Amanpuri	Pansea Beach Cherngtalay, Thalang District Phuket 83110, Thailand
フォーシーズンズ ホテル ソウル Four Seasons Hotel Seoul	97 Saemunan-ro, Jongno-gu Seoul, Korea
ソウル新羅ホテル The Shilla Seoul	249 Dongho-ro, Jung-gu, Seoul, Korea
ブルガリ ホテル ミラノ Bulgari Hotel Milano	Via Privata Fratelli Gabba 7b, 20121 Milano
ホテル ダニエリ ヴェニス Hotel Danieli Venice	Riva degli Schiavoni 4196, 30122 Venezia VE
アマン京都 Aman Kyoto	京都府京都市北区大北山鷲峯町1番
HOTEL THE MITSUI KYOTO	京都府京都市中京区油小路通二条下る二条油小路町284
フォションホテル京都 FAUCHON L'HÔTEL KYOTO	京都府京都市下京区難波町406
エースホテル京都 Ace Hotel Kyoto	京都府京都市中京区車屋町245-2 新風館内
GOOD NATURE HOTEL KYOTO	京都府京都市下京区河原町通四条下ル稲荷町2丁目318番6
ザ・ひらまつ ホテルズ&リゾーツ 熱海 THE HIRAMATSU HOTEL & RESORTS ATAMI	静岡県熱海市熱海1993-237
あさば ASABA	静岡県伊豆市修善寺3450-1

フィレンツェのシンボル「サンタ マリア デル フィオーレ大聖堂」内の「ジョット の鐘楼」屋上から見た景色。煉瓦色の街並みが一望できる光景は圧巻。

水の都、ヴェネツィアのゴンドラから眺める運河と街並みは美しく、映画の世界に迷い込んでしまったかのよう。リアルファンタジーの世界を体験できます。

私の中でホテル満足度ナンバー１の「マンダリン オリエンタル バンコク」。ホスピタリティは感動レベルで、ホテルの外に出る気がなくなるぐらい。
（写真上）チャオプラヤー川を一望できる大きな窓があるお部屋。都市型ホテル独特の暗い感じがなく、川沿いの情緒を感じながらゆったり自分と向き合える空間。
（写真下）館内「オーサーズラウンジ」でオリエンタルアフタヌーンティーを。文豪も愛したホテルの歴史に想いを馳せながらいただくタイスイーツは、優雅な午後を演出してくれます。

（写真上）活気溢れるバンコク。きらびやかな商業施設や高層ビルの合間に、古い寺院や商店が混在する街をトゥクトゥクで走り抜ければ、この国の躍動感を肌で感じることができます。
（写真下）プーケットのリゾートホテル「アマンプリ」。湿気を含んだ蒸し暑ささえ、ここではアジアを感じるエッセンスになります。お部屋は外と一体化した開放感あるつくり。ビーチチェアで思う存分リラックスしたり、目の前に広がるビーチを眺めながらプライベートプールで過ごしたりして、心癒される最高のホカンスに。

（写真右）台湾茶が飲める専門店「茶藝館」が街のあちこちにある台湾。好みの台湾茶を飲みながら美味しいお茶うけをいただいて、異国の地でボーッとするのもひとり旅の醍醐味。台湾の人と触れ合い、心温まるときを過ごしてみてはいかがでしょう。

（写真左）宮崎県にある高千穂峡。美しい渓谷を散策しながら大自然に包まれているだけで、不思議と思考が抜けてクリアになっていきます。

ノスタルジックな雰囲気が人気の台湾「九份」。非日常感あふれる幻想的な光景です。

八百万の神々が集う聖地、出雲大社。威厳と静けさをたたえた境内は、その場に佇むだけで心が浄化されていくよう。

出雲大社表参道にある「くつろぎ和かふぇ甘右衛門」。写真はもなかで大黒様を、ぎゅうひで白兎を表すなどして、神話の世界が詰まった大人気の「神話ぱふぇ」。参拝後のひと休みに。

（写真右）西湖から見た雄大な富士山。時間が許す限りずっと眺めていたい、そんな気持ちにさせられます。
（写真左）大分県玖珠町の「ハイジのブランコ」。空に向かってブランコをこぐと、なんともいえない爽快感でいっぱいに。童心に帰れるこの場所は「新しい自分に生まれ変わりたい」、そんな決心をするスポットとしてもおすすめです。

TRAVELS TO
CHANGE YOUR LIFE.

CHAPTER 3

人と文化に触れて「新しい自分に出会う旅」

旅は狭い考えから抜け出して、
価値観を広げる絶好のチャンス!
いろいろな人や違う文化との触れ合う中で、
まだ見ぬ自分の可能性に気づく旅を。

多様な価値観に触れて自分の枠を広げる

人生の中で、ふと立ち止まるときって、ありませんか？

たとえば、がむしゃらに仕事をしてきたけれど「このままの生き方を続けていいのかな？」「私は、何をしたいのだろう？」「前に進みたいけど、どうしたらいいかわからない」など、自分の気持ちがわからなくて不安になったり。

こういうときは、セカンドキャリア、セカンドステージを考える転換期。**次のステージをどう進むべきか選択の岐路に立ったときは、旅先で出会う人やその文化にフォーカスした「新しい自分に出会う旅」がおすすめ。自分にはなかった価値観に出会うことで、現状を抜け出し、新しい可能性が広がります。**

私は昔から慎重派で、あまり自分に自信がないタイプでした。それゆえ、なかなか自分から積極的にアピールできないことも。でも、特に海外の旅を重ねるうちに、外国の方と日本人の反応が違うことに気づき、少しずつ自分にない価値観を受け入れられるようになっていきました。

以前、ハワイのお店で食べ物の写真を撮っていたときのこと、あるご婦人に「そのアングル素敵ね！」と褒めていただいたことがありました。私が反射的に「いえ、そんな」と言うと、「素敵なのにどうして？　私だったら『写真が好きなの！』って自慢するわ。そのほうがハッピーよ！」とにっこり。その言葉を聞いたとき、誰に比較されたわけでもないのに「もっと上手な人はいるし……」と変に謙遜している自分に気づいたのです。それよりも、「素直に喜んで、自分が好きなことを表現できたほうがずっといい。もっと心を開いて、自信を持っていいんだ！」、そう考えを改めさせてくれたひと言でした。

いつもと同じ環境の中にいると自分の価値観を変えることは難しいものですが、海外に出ると、「こんなリアクションもあるのか」「こんなふうに生きればいいんだ」と、スッと腑に落ちる瞬間があります。旅先で、周りの人々を観察してみると、自分をアップデートするためのヒントがたくさん隠れていますよ。

東西の文化が融合する懐の深い島——オアフ島

新しい自分に出会う旅でまずおすすめしたいオアフ島は、ハワイの中でも最も観光客が訪れる島。ビーチの合間にリゾートホテルやショッピングセンターなどが立ち並び、世界中から旅人が集まるワイキキ、サーファーの聖地と言われるノースショア、海水透明度ナンバー１のカイルアビーチなど、グルメやショッピング、自然を満喫できる場所です。

海のイメージが強いオアフ島ですが、実は美しい山や緑もたくさんあります。オアフ島東部にある牧場、クアロアランチは、東京ドーム４５０個分に相当する山々に囲まれた、古代には王族しか入ることが許されなかったという聖なる土地。映画ロケ地を巡るバスツアーや、大自然の中を走り回る四輪バギーなどのアクティビティ体験ができるので、さまざまな国の観光客とともにアクティビティに参加してみるのも面白いかもしれません。

また、ワイキキエリア以外にも、カイルア、ハレイワ、ワイアルア、マノアなどの小さな街も魅力的。時間に余裕があればぜひ足を運んでみるのがおすすめです。さらなるオアフ島の魅力を感じることができますよ。

そもそもオアフ島は、ハワイの先住民の方はもちろん、アジア系の方も多く暮らしていて、東西の文化が融合して溶け合っているところ。ハワイアン、メインランドからのアメリカ人、中国人、韓国人、日本人……いろいろな国の人たちを受け入れてきた懐の深い土地です。特に、日本人には好意的な人が多く、日本人が過ごしやすい場所。常識の範囲で行動していれば安心して楽しめますし、一度に多様な人種の人々に出会うことができる島なのです。私自身、いろいろなスポットに出かけて多様なオアフに触れ、さまざまなローカルの人と出会う中で、気づけば自分にかけていた制限が外れてたり、新たな選択ができるようになっていたり……、そんな経験を重ねてきました。次に、そのエピソードをいくつかご紹介します。

行き交う人々を眺める幸せな時間

私のオアフ島に対する印象は、人が明るくて朗らか、そして何にも縛られていない。たとえば、タコスが美味しいと評判のお店に行くと、「波がいいからちょっと出かけます！13時には戻るよ！」と、サーファーであろうご主人による貼り紙がされていて、お店がクローズしていたりします。「えー、ここまで来たのに……」なんて思いながらも、自然体で生きるって素敵だな、と自分にない感覚が面白かったり。

とにかく、みんなが自由。そのためなのか、オアフ島の空気が柔らかく感じられて、毎回空港に降り立った瞬間、フライトで疲れているはずなのに、張り詰めていたものがフッと抜けるような感覚になるのです。きっと、知らず知らずのうちに、気を張って生きているのかもしれません。

ここは、明るくて陽気な島。モヤモヤしている思考がクリアになって、もっとおおらかでよいと思える。だから好きなのです。

ワイキキの朝はとても早く、カフェも「そんなに早朝から？」という時間に、オープンしていたりします。私も早朝の時間は、大好き。まだぼんやり明るい白んだ街を抜けてカフェに行ったり、海辺を歩いたり。空気は柔らかいけれど少しひんやりしていて、余計なことを何も考えないクリアな自分をつくるのにぴったりです。

世界でも有数のメジャーな観光地ワイキキですが、早朝は本当に静か。燦々《さんさん》と太陽が差し込む明るいハワイも好きだけど、こうした静かな時間にも、また癒されます。

早朝によく行くのは、ハワイのコーヒーショップが手がける**クイーンズ アーバー バイカイ コーヒー（QUEENS ARBOR BY KAI COFFEE）**。小さな小屋のようなつくりの建物で壁がなく、真横にあるワイキキビーチと一体になったようなカフェです。ビーチ脇の席について、小鳥の鳴き声やさざ波の音を聞きながら、ほんのり甘いココナッツフレーバーのカイラテと手づくりのペイストリーをいただきます。

時間が経つにつれ、遠くからカンカン、ピーピーなど、街の人たちが活動しはじめた生活音が聞こえてきて、「あぁ、ワイキキにいるな〜」と実感。静かな空間に、道行く観光客の姿が増えてきますが、それが全然嫌な感じがしないのです。

街の人たちが活動しはじめたころなら、モアナサーフライダーの中にある**ホノルル コーヒー（HONOLULU COFFEE）**へ。窓側の席を選んで、カラカウア通りをゆく人たちの様子を眺めます。私はこうした時間帯にこちらでコーヒーをいただきながら、街ゆく人たちの様子を眺めるのが好き。長年通っていますが、昔も今も変わらず、ここで暮らす人、観光客もみんなが朝から幸せそうな顔をしています。

「ワイキキなんてね〜、賑やかだし、ゆっくりできない」そう思う方もいらっしゃるかもしれませんが、私はそこも含めて好きなのです。幸せそうな人たちがたくさんいる街の中で人間観察をしていると、自分まで幸せな気持ちになるからかもしれません。

ローカルの人と盛り上がる一番の話題は食べ物のこと

現地の人とコミュニケーションをとりたいと思っても、何を話せばいいかわからないこともあるかもしれません。そんなときは、食に興味を示してみてください。

以前、何かの本で、「一番明るい笑い声が聞けるのは、食べ物が一番美味しい場所」というアイルランドのことわざがあることを知りました。食べ物の話、美味しい話をして嫌な顔をする人はいません。食べ物への興味は世界共通なのですね。

私は海外に行くときは、その国の言語の「美味しい」は、必ず覚えていくようにします。そして、言い方や発音を、その場で現地の方にレクチャーしてもらうのがお約束の旅スタイル。すると、グッと距離がちぢまるのです。

ガイドブックには載っていない美味しいお店を聞いてみるのも、ひとつの手段です。「このあたりで美味しいお店があったら教えてください」とたずねてみましょう。すると、ニコニコしながら教えてくれますよ。時には、レストランのオンライン予約を扱うアプリを開いて、「これで予約していくと便利だよ」と親切に教えてくれることもあります。

英語が苦手という人でも安心してください。スマートフォンの翻訳アプリで、十分にやりとり可能ですよ。

オアフ島は、知らない人同士でもコミュニケーションがとりやすい場所。現地の人との交流を楽しみながら、日本では得られない感覚を味わってみてください。

ハワイに住んでいる日本人に話しかける

海外に住んでいる日本人は、日本人とはいっても、海外生活の中でいろいろな経験をしているため、多様な価値観を受け入れていてとても新鮮です。

以前、私に大きな仕事の話が舞い込んだとき、ハワイ在住の日本人の友人に不安を打ち明けたことがありました。すると友人から「やりたいの？　やりたくないの？　リサちゃん」と質問されました。私が「やりたいです。でも……」と歯切れの悪い返答をすると、その友人は「〝でも〟はいらないよ。やりたいと思うなら、その気持ちを大切にしてね」とアドバイスしてくれました。私はその友人のひとことで、「不安よりもやりたい気持ちを優先していいんだ！」と腑に落ち、スパンと迷いを断ち切ることができたのです。

日本人とはいえ、自国を離れ言葉も文化も違う国でお仕事をして暮らしていくことは並大抵なことではないはず。きっと人には言えない苦労もたくさんあったでしょう。でも、その苦労を乗り越えた方だからこそその言葉に力強さを感じ、私は改めて友人に尊敬の念を感じました。

ハワイには、日本人がたくさん暮らしています。お店でハワイ在住の日本人の店員さんと出会えたら、「おすすめのお店を教えてください」など話しかけてみてはいかがでしょうか。ちょっとした声がけから、交流がはじまるかもしれませんよ。

店員さんが無愛想なのは当たり前!?

ハワイでカフェ巡りをすると、ちょっと戸惑うことに出会うかもしれません。私も過去、ウエイターさんにオーダーしたのに、無表情で「は?」と言われ、たじろいだ記憶も。「なんか失礼なことしたかな? 発音が悪かったかな?」とたびたび反省モードになっていましたが、この表現は英語圏ではよくあること。これは英語で言うと「Huh?」。「え? なんて言いました?」と聞き返す、カジュアルな表現です。日本では「もう一度、お聞きしてよろしいでしょうか?」と丁寧な店員さんの対応に慣れているので、「は?」と言われると、最初はちょっと怒られたような気持ちになってしまうかもしれませんが、わからないときはひるまず質問すると、ちゃんと教えてくれますよ。

こんなふうに、**海外では言葉の違いはもちろんのこと、表現方法、価値観、ベースとなる文化がまったく違います。**日本人は国内では日本語同士で話すのが当たり前、さらには、昔から根付いている「阿吽《あうん》の呼吸」というものもあり、もともと相手の気持ちを察する力を持っているので、自然と気遣いができてしまう国民性だったりします。

また、海外に出ると、日本は普通のお店であってもホスピタリティが行き届いていることを、改めて実感させられる場面も多いはず。**私たちが当たり前だと思っていることも、世界では当たり前のことではないのですね。**こんなふうに思えたら、価値観が違う人と出会うことが、刺激的で面白く感じるようになってきます。

新しい価値観を受け入れることは、心地いい人間関係を築くきっかけとなるはず。旅を通して、自分の枠をひと回りもふた回りも大きくしていけると素敵ですよね。

心を落ち着かせたいときに訪れたい、オアフ島のとっておきスポット

新しい自分に出会う旅では、旅の中で何を感じたか、落ち着いてゆっくりと心と対話できる場所を見つけておくことも大切。自然を眺めながら、自分と向き合う時間を過ごせるとっておきのおすすめの場所を3つ挙げてみました。

ひとつ目は、ワイキキの西側にある広大な公園、**フォートデルルッシー ビーチパーク**。パーク内には遊歩道があり、多種多様な植物でいっぱい。春から夏の時期には、風が吹くと花びらがシャワーのように降り注ぐ「シャワーツリー」が美しく咲き乱れます。公園内のベンチに座ると、風にそよぐヤシの木が視界に入り、空を見上げると、鮮やかな青空と眩しい太陽の光が。ワイキキのにぎわいが嘘のような静けさです。

考えをまとめたいときや決断したいとき、私はここを訪れます。そして、しばしパーク内を歩いてベンチに座り、そこからの風景を楽しんだ後、そっと目を閉じ、ゆっくり自分に問いかけてみます。

帰り道では、パーク内にある幹にハート模様があるように見える木にご挨拶。昔、母が見つけてくれた木で、「ハートの木」と名付けました。気がよい場所のすぐ近くに立っていて、「まるで恋愛成就の木みたいだね」と母と話したことを覚えています。ここに来た方の想いや願いが叶いますように。

2つ目は、**ノースショアのサンセットビーチ**。道沿いに広がるビーチなので、決まった入り口はありません。ここに私の「とっておきの道」があります。それは、木立のトンネルを抜けて、ビーチに出る道。木漏れ日を楽しみながら、その「とっておきの道」をゆるゆると進んでいくと、突然、視界いっぱいにダイナミックな海が広がります。その爽快感を味わった時点で、迷いも吹き飛んでしまうほど。自分が持っている悩みが小さなことに思えてきます。

さらにビーチへ降りていくと、大きな波の音が。世界からサーファーが集まる場所だけあって、大きな波音以外、耳に入ってくるものはありません。広いビーチは周囲を気にせず、ただ自分の感情の変化だけに集中できるスポットです。

以前こちらで、海を眺めながら涙を流している女性を見かけました。誰もが抱くさまざまな感情。それを乗り越えながら生きていることを感じる姿でした。帰り際、再度見かけたその女性は、心なしかスッキリした表情に。気持ちを整えたいときは、感情をすべて受けとめてくれる大海原を眺めてみるのもおすすめです。

3つ目は、**ザカハラ・ホテル＆リゾートの防波堤**。名門リゾートホテルの目の前に広がるビーチは、波が穏やかでプライベート感満載。きらめく海で、旅行者がのんびりパドルサーフィンをしている姿を見かけます。そんなビーチには、海に突き出した防波堤がありす。ここは、私の大切なスポット。先端まで歩いていくと、まるでぽっかり海の上に浮かんでいるかのような感覚になるのです。

ここで大きく深呼吸をして体を好きに楽に動かし、じんわりとリラックス。防波堤に腰掛けて、ゆらゆらと揺れる水面の反射を見つめていると、優しい気持ちになっていくのを感じます。柔らかい波音を聞きながら、遠くに輝く水平線を見つめていると、不思議と素直な気持ちになれるのです。

心をほぐしていくと、これからのことや、アイデアが浮かんできます。こうした瞬間に出会いたくて、このホテルに足を運んでしまいます。

オアフ島の旅を快適に過ごすホテルリスト

オアフ島滞在を心地よいものにするホテルをいくつかピックアップしてみました。ご予算に合わせて、参考にしてみてくださいね。

【ラグジュアリー】

・カ・ライ・ワイキキビーチ LXR、ホテルズ&リゾーツ

『フォーブストラベルガイド』によるホテル格付けランキングで、オアフ島で初の5つ星を獲得したホテルコンド。2024年2月にトランプからヒルトンブランドに変更になり、2025年より大規模リノベーションが行われる予定です。

・ザ カハラ・ホテル&リゾート

高級住宅地、カハラ地区のラグジュアリーホテル。オアフ島にありながら、まるでネイバーアイランドにいるかのよう。ゆったりとした雰囲気を楽しむことができ、世界のセレブリティが訪れます。創業60周年を迎え、お部屋もリニューアル中。

・ハレクラニ

「天国の館」と呼ばれるワイキキの名門老舗ホテル。古来より癒しの水が湧くとされる海「カヴェヘヴェヘ」を臨むロケーション。コロナ禍に大規模改装を完了。館内レストラン「オーキッズ（Orchids）」のサンデーブランチは必訪です。

【おしゃれカジュアル】

・ホワイトサンズ ホテル

リノベーションされ、70年代ハワイをイメージしたレトロで可愛いデザイナーズホテルに変身。館内のプールサイドには、ハワイ出身女性で初めてジェームズビアード賞に輝いたシェフが手がけるレストランバー「ヘイデイ（HayDay）」が。お席の一部がブランコになっていて、ゆらゆらと揺られながらドリンクを楽しめます。

・ウェイファインダー ワイキキ

大規模リノベーションを終え、昨年最も注目されたホテルです（旧ワイキキサンドヴィラ）。ハワイの文化にインスパイアされた、カラフルでレトロチックなデザインがとてもキュート。お部屋はコンパクトですが、気分が上がる内装になっています。

・サーフジャック ハワイ

星野リゾートが手がけるサーフカルチャーをイメージしたブティックホテル。「Wish You Were Here!（あなたがいてくれたら！）」と書かれたプールが印象的。1階にハワイの超人気カフェ「アーヴォ（Arvo）」ワイキキ店もオープンし、注目度が再加熱中。

・ザ レイロウ オートグラフ コレクション

モンステラの壁紙が可愛いデザイナーズホテルです。ホテルのどこを切り取っても絵になる、まさに映えスポット。人気のホテルグッズが多数入ったウェルカムギフトに、テンションがアップすること間違いありません。

成長する勢いと自由を実感――バンコク

この20年くらいの間に、至るところで再開発が進み、目を見張るような進化を遂げているタイのバンコク。チャオプラヤー川の川沿いには高級ホテルやデザイン性のあるショッピングモールが立ち並び、外国人観光客向けのエリアは思いのほか、最先端レベルです。

そんな古きものと新しいものが融合するバンコクを訪れて感じたのは、外国人を受け入れるおおらかさ。タイ（正式国名はタイ王国）は、国王を元首とする立憲君主制の国で、国民の9割以上が敬虔《けいけん》な仏教徒。「徳を積む行い＝タンブン」を重んじる上座部仏教の教えが他者に寛容な風土につながっているのかもしれません。

一方で、経済成長の過渡期にある中、ひたむきな姿勢で今を生きるバンコクの人の勢いとたくましさも感じました。

自分に正直に生きるバンコクの若者たち

ホテル周辺を散策している際、雰囲気あるカフェを見つけて、ふらりと立ち寄ることに。昔の建物を今風にリノベーションしたカフェで、ドリンクメニューもこっています。

中に入り席に着くと、若い女性の店員さんが、少し無愛想な感じでメニューを持ってきました。近年タイのコーヒー豆にハマっている私は（それもタイに興味を持った理由のひとつ）、タイ産のドリップコーヒーがないかとたずねたのですが、「そんなのないよ。エスプレッソマシーンだけ」と無愛想で直球ストレートな返事。

人に気を遣いすぎる私は、そのたくましさに妙に感心してしまいました。そうこうしていると、オーダーしたココナッツウォーターで入れたアイスコーヒーが。カリカリとしたココナッツがこれでもか、と大量に入ったドリンク。コーヒーの苦味がココナッツのほのかな甘さで緩和され、美味しい！

初めての味に感動していると、さっきの店員さんがオーダーしていたスイーツを持ってやってきました。

私が「コーヒー、アロイ（美味しい）」というと、さっきの無愛想はどこへいったのやら。照れたようなはにかんだ表情で「Thank you」と。さらには「どこから来たんですか?」と聞かれ、ちょっとした会話に。必要以上にニコニコするわけでもなく、感情のままの素直な反応が心地よく、私は普段周りを気にしすぎているのかもと気づきをもらったひとコマでした。周りを見渡すと店内のお客さんも個性的。若い3人組の男女が、セクシーな衣装に身を包んだインフルエンサーらしき女性の撮影をはじめました。途中周りに配慮しつつ、ササッと衣装替えをする姿にも驚きましたが、堂々と撮影する姿は勇ましく内から輝く自信を感じました。そうかと思うと、今度は隣にいた男性がネット配信をスタート。みんな元気で自由だ。縮こまることなくのびのびとやりたいことを楽しそうにやっている。そんな姿を見ていると、私も心のまま、素直に今を楽しむ感覚を忘れずに、やりたいことにチャレンジしていこうという気持ちになりました。

CHAPTER 3

アジアのヴェネツィア「マンダリン オリエンタル バンコク」

そもそもなぜバンコクに行こうと思ったかというと、「マンダリン オリエンタル バンコク」に宿泊してみたい、というのが大きな理由のひとつでした。辻仁成さんの小説『サヨナライツカ』の舞台でもあり、森瑤子さんの短編集『ホテル・ストーリー』にも登場するこのホテル。昔この本を読み、そこに出てくるホテルの空気感や描写に惹かれ、いつか行ってみたいと思っていたのです。

また、ここはイギリスの小説家、サマセット・モームをはじめとする世界の文豪たちが住まいとして暮らし、愛したホテル。ホテルとスパ棟やレストランが川を挟んで立ち、専用の船で行き来する、そんな情緒を感じる場所へ身を置いてみたい、そんな思いもあり、バンコクへ向かいました。

空港からホテル専用車で、下町の雑多な街並みを抜けてホテルに向かうと、ついさっき目にした光景が嘘のような、立派なエントランスが目に入りました。

ホテルマンが扉を開け、ロビーへとエスコートしてくださり、ジンジャーの香りがする生花のブレスを渡してくれました。ホテルのスタッフは誰もが礼儀正しく、穏やかな笑みをたたえて、挨拶も丁寧。品性と格式を感じました。

ロビーは決して広くはありませんが、優雅な歴史ある雰囲気で、国内初の高級ホテル「The Oriental」としてスタートした地にふさわしい風格。148年間、さまざまな国の人々を迎え入れてきた誇りが感じとれます。静かに漂う香りと歴史を感じる洗練された空間。私はこうした歴史を感じる場所が大好き。それは、長い年月をかけた人々の営みを垣間見ることができるからです。

チャオプラヤー川を一望できるL字の大きな窓があるお部屋から川沿いのテラスへ出ると、湿度のある暖かな風が体にまとわりついてきました。この湿気、この空気感、嫌じゃない。窓からは、川沿いにあるレストランが見えます。川はよどんでいて、空も青くはない。でも、ここには「情緒」があります。それぞれのホテルが所有する船、観光船、ここで暮らす方々の交通手段としての船などが頻繁に行き来しているチャオプラヤー川。川沿いの光景は特別感にあふれています。

そんな光景を眺めながら、自然と口をついて出てきたのが「アジアのヴェネツィアね」という言葉。今まで数々のホテルに泊まってきましたが、私の中ではトップクラスのホテルでした。

タイ人の精神「礼節を持ち他者を許す」に触れる

初日のディナーは、予約していた対岸にあるレストラン「バーンプラヤ」へ向かいました。日は暮れ、両岸の光景を眺めながらホテル専用のボートに揺られて川を渡る時間はなんともロマンティック。わずか1、2分ですが、忘れられない時間です。

ホテルに戻ると、スタッフの方から「バーンプラヤでのお食事はいかがでしたか?」と聞かれました。こちらのホテルには日本人スタッフがいらっしゃいますが、その方に、とても素晴らしく感動した話をすると大層喜んでくださいました。そして、タイについていろいろなことを教えていただきました。

「タイの人はとても陽気で前向き、あっけらかんとしています。でも、物事を長期的に考えるのは少し苦手かしら。束縛されるのも嫌いますね」

「日本人とも共通しているところがあるんですよ。目上の方を敬い、お年を召した方を大切にします。それと、本音と建前があるところも似ていますね」

「その他にも、キッズフレンドリーだから子育てしやすいですよ」


確かに、子ども連れのゲストに対してとても親切だと感じる場面をよく目にしました。たとえば、パパやママが食事をしている際、退屈している子どもに話しかけたり、すれ違うキッズやベイビーに優しい眼差しを向けたりなど。

また、私が、タイの人々の明るさと人懐っこさが好きだと伝えると、「タイには、マイペンライという言葉があるんですよ」とにこやかな笑顔で教えてくださいました。これは、「大丈夫。気にしないで。どういたしまして」といった意味だそう。

何か相手がミスをした際などに「大丈夫だよ」と許す際に使われたり、落ち込んでいる相手に対して「大丈夫、なんとかなるよ」という気持ちで励ましを伝えたりと、さまざまな場面で使われるらしいのです。実際、この言葉を耳にすることが多く、タイの人々の心の持ちようを垣間見たような気がしました。「礼節を持ち、他者を許す」というタイ人が大切にしている精神が、この「マイペンライ」という言葉に表れているのです。

この言葉を思いながら、チャオプラヤー川を眺めてみると、対岸には立派なショッピングモールもあれば、歴史を感じる小さな建物も。そうかと思うと、ホテルから出てすぐの場所はごちゃごちゃした下町……今のバンコクの活気が伝わってくるような、何もかもがミックスされたところがこの街の魅力だと感じました。まさに、成長する勢いを感じる場所。みんな自由でみんな楽しげ。

礼節を持ち、価値観の違いを受け入れる。そして、自分のやりたいと思うことを「なんとかなるさ精神」、いや、「なんとかするさ精神」で迷うことなくやっていく。それでいいんだと、バンコクの街に背中を押された、そんな気がしました。

ノスタルジックな風景と温かい人柄が魅力——台湾

台湾は、日本から手軽に行ける海外。私も、昔からちょこちょこ訪れていますが、台湾人には親日家が多く、日本人に対してとてもフレンドリー。日本語が話せる人も珍しくなく、日本人を見かけると、日本語で話しかけてくれることも。ひとりでも安心して回れる、居心地のいい国です。

私の台湾に対する印象は、昔の日本の活気を思い出すような、懐かしい気持ちにさせられる場所。高層ビルのすぐ脇に小さな路地裏があったり、空を見上げると電線が張りめぐらされていたり、大きな室外機がボコボコ出ている集合住宅があったりして、雑多感とともにノスタルジックな気分になれたりもします。

また、親日家の方が多いからなのか、心優しく気さくに話しかけてくれるので、現地の人とのコミュニケーションがしやすいのも、人間観察にうってつけです。

以前、台湾の街の至るところにある足ツボマッサージのお店のひとつにふらりと入店したことがありました。そこで担当してくれた方が、いたずら心満載の女性マッサージ師。はじめはイタ気持ちよかったのですが、途中ものすごく痛い場所を押され「痛い、痛い！」とわめくと、「痛いですか？」と聞いてくれました。私は涙目で「痛いです！」と訴え、これで手をゆるめてくれるのかと思いきや、「それは効いている証拠です（笑）」といたずらっぽい笑顔でさらにぐりぐりと押してきたのです。でも、終わったころには体全体がスッキリ！　痛かったことも楽しい思い出になりました。

そういうやりとりが楽しくて、台湾に来るたび、たくさん食べて、笑って、足ツボへ、というコースを夜な夜な繰り返してしまいます（笑）。

見知らぬ台湾人家族との心温まる交流

台湾は外食文化が定着しています。3食すべてを外食で済ませる人もいて、ほとんど料理をしないという人も少なくありません。それゆえ、美味しいお店も多く、大家族で円卓のテーブルを囲みながら食事をする風景もよく見られます。

かなり昔の話ですが、母と台湾へ行き、台湾料理のお店で食事をしていたときのこと、私がお手洗いから戻ってくると母がいませんでした。さらわれてしまったのではないか！と焦り、心臓はバクバク！　母をさがしてキョロキョロあたりを見回していたら、「ここよ～」と母の声が。振り返ると、隣の台湾人の大家族の円卓に座っていました。

私はびっくりして、「なんでそこにいるの？」と聞くと、「誘われちゃったの」と笑顔の母。どうやらその台湾人家族の息子さんが日本で仕事をしているようで、その方も日本語を少し話せる様子。また、同席していた祖父母も日本語が堪能なことから、母に話しかけて、この短時間ですっかり打ち解けていたのです。私が戸惑っていると、「はいはい、娘さんもこっちに来て、一緒に食べよう」と声をかけてくれました。

戸惑いながらも、私も台湾人家族と一緒のテーブルにつくと、そこに「ぶっとびスープ」が。ぶっとびスープとは、ふかひれや貝柱、なまこなど高級食材を煮込んだエキスが凝縮された、福建省発祥の伝統的な栄養満点のスープ。あまりの美味しそうな香りに修行僧ですら壁を飛び越えてくる、といわれることからついたスープの名前です。以前読んだ、渡辺満里奈さんの旅エッセイ『満里奈の旅ぶくれ―たわわ台湾―』の中に紹介されていたことで知り、修行僧ですら飛んでくるほどのスープって、一体どんな味なのか食べてみたい！と思っていました。そこで、ぶっとびスープを飲もうと張り切ってこのお店に来たのですが、予約していないとつくれないと言われてしまい、飲むことができずにいたのです。

ところが、そのぶっとびスープが目の前に。一緒にどうぞ、と分けていただきました。滋味深いお味に、私もびっくり。「すごく美味しい！　台湾の料理って美味しいですね」と伝えるととても喜んでくれて、記憶に残る温かい時間となりました。

どこに行ってもみんな元気で、よく食べる。そんな台湾の方と交流していると、自然と元気に。サービス精神が旺盛で、人懐っこい台湾の方たちから、もっと心を開いて人と関わる大切さを教えてもらったような気がしました。

気さくで優しい、魅力的な台湾の人々

せっかく台湾に来たら、ぜひ訪れてほしい場所があります。それは、山間に赤い提灯が並ぶ場面が印象的な、映画『千と千尋の神隠し』の舞台になったといわれる観光地、九份（キュウフン）。映画の中に入り込んだかのような幻想的な光景です。階段に沿って続く赤い提灯に灯がともると、懐かしい感じがして胸がジーン。こういう気持ちにどっぷり浸れるのも、ひとり旅ならではです。

九份の高台に街並みを眺めることのできるお茶屋さんがあったので、入ってみることにしました。ところが、店内はお客さんでいっぱい。通されたのは、端のほうのあまり景色の見えない席。景色の写真が撮りたくて店内をウロウロしていると、女性の店員さんが手招きしています。近づくと、「おひとりで楽しむなら素敵なお席のほうがいいでしょう」とお席をチェンジしてくれました。「内緒ですよ」という目配せ付きで！

おかげで素晴らしい眺めの中、お茶をいただけることに。店員さんとの出会いに感謝しながら、細やかな気遣いに心が温まった出来事でした。

また、台湾には、茶藝館と言われるお茶を入れてくれるカフェがたくさんあります。そこもぜひ訪れてほしい場所。台湾茶の種類がたくさんあり、どれを飲めばいいのか迷いますが、そのときこそチャンス！「これは、どういうお茶ですか？」と会話が生まれます。お店によっては、気分や体調に合わせて選ぶお茶のアドバイスをいただくこともでき、やりとりを楽しみながら、台湾茶の奥深さを知ることができますよ。

夜はたくさんの屋台が並ぶ夜市へ。日本でも人気の豚肉の煮込みをご飯にかけた魯肉飯（ルーローハン）や、人の顔ほど大きい鶏の唐揚げの大雞排（ダージーパイ）、牡蠣のオムレツ、揚げパンの入ったお粥のような広東粥（グゥワンドンジョウ）など、手軽に安く美味しいものに出会えるのも楽しみのひとつです。

美味しかったときは、店員さんに「美味しかった」と伝えると、「そうでしょ！うちのが一番よ」「台湾のこともっと好きになった？」など、笑顔で答えてくれたりします。美味しい食べ物は心を通わせてくれる一番の糸口です。

気さくで温かい台湾の人と触れるたび、また訪れたくなる台湾。言葉は通じなくても（片言の言葉やジェスチャーでも）、心地よさを感じられる大好きな国です。

国際色豊かなミックスカルチャーの国——シンガポール

私がシンガポールを初めて訪れたのは約30年前。その後、久しぶりに訪れたシンガポールは、すっかり様変わりしていました。中心街に面するマリーナ湾には、不思議な形の建物「マリーナ ベイ サンズ」がそびえ立ち、ショッピング街やエンターテイメント施設も充実。この20〜30年の間に目を見張るほど発展を遂げたことを実感しました。

シンガポールは、マレー半島の南端に位置する小さな国。面積は東京23区より少し広く、そこに約564万人（2022年外務省データ）が暮らしているといわれています。人口密度が高い国でありながら多民族国家。仏教、イスラム教、キリスト教、ヒンズー教、道教などの寺院やモスク、教会が街のあちこちに点在し、宗教色の濃い服を着たさまざまな国の人たちが行き交います。言語も、マレー語、英語、中国語、タミル語が飛び交い、国際色豊か。これぞ、ミックスカルチャーの国！

私がシンガポールを新しい自分に出会う旅に挙げる理由は、ミックスカルチャーゆえに、いろいろな価値観を目の当たりにできるから。しかも、きれいで治安もよく、鉄道、バス、タクシーなど交通網も発達。日本からの直行便で約7時間、時差もわずか1時間と旅をしやすい国というのも、うれしいですね。

多様な価値観を受け入れて生きる

シンガポールにいると、視界に入ってくるものすべてが刺激的です。日本、特に福岡に住む私はほぼ出会わないような、イスラム教徒の方やヒンズー教徒の方に出会ったり、チャイナタウンの中にインドのヒンズー寺院があったり。かと思えば、高級ブランドショップが並ぶエリアがあったり……。よく行くハワイも多様な人種が共存していますが、シンガポールは狭い国土の中で異なる宗教の人たちが多様性を認め合いながら力強く生活している、そんなパワーを感じます。

世界では民族が対立している地域もまだまだある中、他民族がうまく融合しているシンガポール。街には、必ず英語、タミル語、マレー語、中国語が表記されていて、どの人種、民族、言語が抜きん出ることなく、バランスが取れているのです。

おそらく、シンガポールの人たちは、日本人には想像もつかないようなさまざまな価値観を受け入れる度量があるのでしょう。

私はシンガポールを旅することで、生きるということは、相手の文化や環境も受け入れることであり、知らないでは済まされないこともあると感じました。違いを認めて共存していくシンガポールの人たちから、こだわりを捨てて相手を受け入れる大切さを学ばせていただきました。


シンガポールの公用語は英語、中国語、マレー語、タミル語とありますが、主に英語を使用しています。中国語やタミル語などの影響を受けて「シングリッシュ」と呼ばれる独特のクセがある英語を話す人も多いのですが、さまざまな言語の民族が暮らす中、シンガポール発展のために、英語を話すことは必須条件。ほとんどの人が英語と母語を使い分けて生活しています。国を挙げての国際社会への仲間入りを果たそうという意思が、シンガポールの発展につながったのでしょう。

ちなみに、著しく発展を遂げるシンガポールを代表するショッピング街、オーチャードエリアのオーチャードロードは、お買い物天国です。ショッピングモールやホテルが立ち並び、たくさんの人がブランドショップの紙袋を抱えてお買い物を楽しんでいます。

それは、景気がよかったころの日本を思い出すよう。なんだか懐かしい気持ちになる人も多いかもしれません。欲しいものは躊躇せず手に入れる。そんな華やかさと力強さを感じました。

30年ほど前に「これから発展する国なんだなぁ〜」と思っていたシンガポール。でも今回は「このままだと日本は置いていかれちゃう。日本人頑張れ！」という気持ちになりました。日本のよさを発揮しながら、世界から注目される国になれるように、私もそのひとりとして頑張らなくては！　ここは、そんな刺激を受ける国なのです。

女性が自分に誇りを持って暮らす街——パリ

女性としてどのように歳を重ねていきたいかを考えはじめたころ、ふとパリの女性が気になりました。

女性たちが自分らしくイキイキ輝いているイメージがあるパリ。女性にリスペクトを持ち、女性たちも自分自身にリスペクトを持つ、そんなパリジェンヌに会ってみたい！　そこに歳を重ねるヒントがあるような気がして、思い切ってパリに飛んでみました。

パリといえば、カフェ巡り！　街の至るところにカフェがあり、朝はモーニング、昼はランチ、夜はワインと、友人とゆったり過ごしたり、ひとりの時間を楽しんだりする姿が見られます。私もさっそくテラス席で、カフェオレとクロワッサンをオーダー。そのカフエオレとクロワッサンの美味しいこと！　毎日食べたいくらい、感激しました。

カフェでは、優雅に過ごすマダムたちもよくお見かけしましたが、彼女たちはとてもおしゃれ。お見受けするところ、おばあちゃまくらいの方でも彼女たちのお手元を見ると、指先は真っ赤なネイルが塗られていて、とてもきれい。

お年を召した街ゆく女性たちは、カラフルな洋服やスカーフ、アクセサリーを身につけていて、みんなおしゃれ。自分が好きなものを堂々と身につけているのです。

同じくパリを旅した友人は、フリル袖の洋服を着た70代のおばあちゃまに「見て！　今日、私デートなのよ！」と幸せそうな表情で話しかけられたことがあるとか。確かに、年齢を重ねた方たちが仲良く手をつないでデートしている姿もよく見かけますし、10歳、20歳年下の彼氏がいても当たり前。さすがアムールの国、フランス！

女性ホルモンに一番いいのは、恋をしているときと言われますが、パリの女性たちを見ていると、「いくつになっても女性を楽しんでいい！」ということを再確認させられます。年を重ねたからこそ、イキイキと自分らしく生きていたい。そう刺激を受けました。

カンボン通りにあるシャネル本店に行くと、日本人の店員さんが3階に案内してくれました。なんと、そこはココ・シャネルが住んでいたアパートメントで、シャネルの聖地！ここに、ココ・シャネルが実際にいたのかと思うと、胸が熱くなる……と同時に、女性の社会進出が厳しい時代に一代でここまで築き上げた彼女の強さ、美しさ、センスに心が震え、これほどのブランド力を生み出すパリの街に、改めて感銘を受けました。

日常に溶け込んでいる芸術

芸術の都パリと言われるように、パリは芸術がとても身近な街。そんなパリで、私がカフェ巡りと同じくらい楽しみにしていたことといえば「美術館巡り」です。

最初に訪れたのは、ルーブル美術館。世界で最も来場者数が多く、世界の名作を一度に見ることができる夢のような場所。しかも、館内は撮影自由で、むき出しの絵が触れられる距離にあるというオープンさ。かの有名なミロのヴィーナスの像も、巨大なスフィンクスの像も、「目には目を、歯には歯を」で有名なハンムラビ法典碑も、至近距離にあるのです。日本ではほとんどが写真撮影禁止で、絵はショーケースの中か、絵の前に立ち入り禁止のロープが張られていますから、フランスではいかに芸術が身近なものであるか、その違いに驚くばかり。聞くところによると、パリの幼稚園生は、普通にルーブル美術館に見学に行ったりするそう。小さいころから本物の芸術に触れているので、美的センスが自然に養われていくのかもしれませんね。

お気に入りの絵の前でじーっと見て堪能するのもよし、時には名画に囲まれながらソファでひと息つくのもよし、自分のペースで思い思いの時間を過ごしながら、ゆっくりと自分自身と向き合う時間を過ごしてみるのも楽しいですよ。

パリの中心地にあるオペラ座は、建物の中に入るだけでも十分な見応え。大理石の階段、劇場の天井に描かれているシャガールの絵、豪華絢爛《けんらん》なシャンデリア……。こんな素敵な空間で催されるオペラやバレエの公演が、席によっては1000円台で見ることも可能というのですから、本物の芸術を学ぶには最適ですね。

芸術が日常にある暮らし、美味しいカフェ、自分に誇りを持って生きるパリジェンヌ、そんな魅力あふれるパリは、大人の女性にこそおすすめの街なのです。

忘れていた日本人の温かさを思い出す —— 福岡

新しい自分に出会う旅に、唯一の国内、福岡を入れた理由。それは、福岡の人たちは郷土愛にあふれながらも、他県からの訪問者も同時に温かく受け入れる、面倒見のいい街だと感じるからです。福岡は昔から、地理的に朝鮮半島や中国大陸の人たちとの往来も多く、他人を受け入れるという文化が根付いているのかもしれませんね。

福岡は私が暮らす街。以前海外から福岡空港に戻り荷物を受け取るときに、誤って自分の親指にスーツケースをぶつけてしまい、指を切ってしまったことがありました。思ったより傷が深く、空港を出た後、気分が悪くなってしゃがみこんでしまった私に、「大丈夫ね？」「どうしたん？」「お水買ってきましょうか？」と声がけしてくださった何人もの福岡の方たち。その中に偶然、看護師さんもいらして、すぐに脈をとってくださり、血圧が低下しているからと救急車を呼んでくださって、事なきを得たことがありました。この話を都心で暮らす友人にしたところ、「それは福岡だからだよ」と言われ、当たり前ではなかったのか、と思ったのです。

そんな温かい人たちが多い福岡。コンパクトシティとして空港から中心地までの距離が近い福岡市は、天神・博多に商業が集約されていて暮らしやすい都市。スタートアップ支援や子育て支援も充実していて物価も安く、食べ物や住居費もお手ごろ、求人や就職先も多いことから若者のＩターンやＵターンも盛んです。２０４０年には、その人口は１７０万人に達するといわれています。

地方都市でありながらも成長著しい街ゆえ、多くの楽しめるスポットも。そうした楽しみも兼ねて福岡を旅しながら、お節介くらいに面倒見のいい福岡の人たちと触れ合っていただき、人の温もりを感じてみるのもおすすめです。

また、福岡県内には60もの市町村があり、それぞれに多様な魅力があります。福岡市を拠点に、他の市町村にも足を伸ばして、そこで暮らす人々やその土地の歴史・文化と触れ合ってみてはいかがでしょうか。福岡県内のとっておきスポットをお伝えしますので、旅の計画の参考にしていただけたらうれしいです。

福岡市を満喫するカフェとお食事処

福岡市は、お散歩とカフェ巡りが楽しい街。カフェ巡りをしながらときどき、公園や神社などに立ち寄って、ゆっくりした時間を過ごしてみてください。小さな路地裏の隠れた名店も多く、何度来ても飽きない発見がありますよ。

・パッパライライ

住宅街にひっそり佇む木造の古民家カフェ。自家焙煎のコーヒー、焼きたてのフォカッチャ、彩り豊かなサラダなど食材を丁寧に調理したメニューは絶品です。

・B・B・B POTTERS

福岡で長年愛される雑貨店。1階はキッチン用品、バスグッズ、文房具、そして2階はリビング雑貨などシンプルで機能的なアイテムがたくさん。2階のカフェでは、本場ブリュターヌ地方で修行したクレーピエ監修のガレットやクレープが楽しめます。

・**鈴懸 本店**

1923年創業の老舗和菓子店。本店には喫茶スペースがあり、和パフェはぜひ食べてほしい一品。丁寧なお料理のお食事メニューもあり、ランチ使いにもおすすめです。

・**桜坂AZUL**

体に優しい素材でつくる人気スイーツショップの工房兼カフェ。焼きたてのフィナンシェやカヌレ、餡マロンケークなどがいただけます。博多をモチーフとしたアイシングクッキーはお土産にぴったり。

・**manucoffee**

福岡発のコーヒーショップ。春吉・大名・薬院にも店舗が。朝9時から深夜1時まで開いているので、モーニングはもちろん、ディナー後に向かってもゆっくり楽しむことができます。

・博多もつ鍋やま中

博多もつ鍋の専門店。臭みがないもつ鍋は絶品で、赤坂店はもつ鍋屋さんらしからぬおしゃれな雰囲気。県内外から多くのファンが詰めかけます。

・鮨さかい

ミシュランガイドブックで3つ星を獲得する江戸前鮨のお店。にぎりや肴はもちろん日本酒やワインのペアリングも楽しめます。すぐに予約がいっぱいになってしまうので、最低でも3か月以上前から予約を。私も毎月予約するお気に入りのお店です。

・ベーカリータツヤ

福岡のパン屋と言えば、明太フランス。なかでもこちらは、サクッと軽やかなのにジュワッと旨味が広がるクセになる一品！　回転が速く焼きたてに出会えるチャンスも。小麦って美味しいなぁ、と感じる職人技のパンが並ぶ、足を伸ばしても行きたいお店です。

・ピッツェリア・ダ・ガエターノ

ピザの発祥ナポリで3代続く、ピッツェリア「ダ・ガエターノ」に弟子入りし、世界で唯一、その有名店の屋号の継承を許されたシェフ舌間氏が手がけるイタリアンレストラン。最近、３号店を出店しました。

お散歩には、国の登録記念物にもなっている都市公園の「大濠《おおほり》公園」や、その園内にあり２０１９年にリニューアルオープンした「福岡市美術館」、地元では「お櫛田《くしだ》さん」の愛称で親しまれている博多の総鎮守「櫛田神社」など。サルバドール・ダリなどの名画を展示する福岡市美術館で美術鑑賞した後に、併設されているカフェで大濠公園を眺めながらゆったりコーヒータイムもおすすめです。

自然とグルメの両方を楽しむ――北九州市

北九州市は、工業都市として発展した福岡第2の都市。九州の玄関口と呼ばれ、小倉を中心地として栄えている街です。博多からは車で約90分、モノレールやJR、西鉄バスも通っているのでアクセスも良好。

ここ北九州市でぜひ訪れていただきたいのが、平尾台の**千仏鍾乳洞**《せんぶつしょうにゅうどう》。カルスト大地が広がる平尾台は、日本3大カルストのひとつに数えられ、その広さは東京ドーム5個分！　平尾台には２００を超える鍾乳洞があると言われていますが、その中でも注目は千仏鍾乳洞。内部は、天然の冷蔵庫のようにひんやりと涼しく、マイナスイオンたっぷりの神秘的な空間です。

途中、膝くらいの深さの水の中を進むなど、冒険感満載（膝までめくれる洋服がベスト。受付でレンタルサンダルに履き替えます）。関東圏から訪れた方にここを紹介すると、みなさん大感激！　人の手が加えられていない迫力満点の天然の鍾乳洞は圧巻ですよ。

平尾台で遊んだ後は、グルメスポットの小倉へ。小倉駅のすぐ近くにある、昭和元年創業の鰻料理専門店、**田舎庵**は、ふっくら香ばしい鰻重やせいろ蒸しがいただけるお店。著名人も絶賛する味で、県外から訪れる人も多い人気店なのです。おすすめは、せいろ蒸し。鰻巻きも追加がお約束です。

また、北九州市民御用達のパン屋さんといえば**シロヤ**。1950年創業で、練乳たっぷりのサニーパンやふんわり小ぶりなオムレット、バタークリームが懐かしいクーヘンなど、昔懐かしい素朴なパンがそろいます。少し並びますが、その様子も北九州の名物です。

豊かな自然に囲まれ居心地よく過ごす――うきは市

うきは市は、福岡県の南東部に位置する小さな町。フルーツが豊富にとれ、歴史情緒のある白壁の街並みや古墳などが多数存在する、自然豊かなスポットです。

そんなうきは市に訪れたら、城ヶ鼻公園内の**浮羽稲荷神社**へ。伏見稲荷神社から稲魂神《うかみのたまのかみ》、京都松尾大社から大山咋《おおやまぐい》の神《かみ》、太宰府天満宮から菅原道真公の三神が祀られています。山に沿って続く91基の赤い鳥居は絶景！　近年SNSで有名になり、県外や海外からの参拝者も増えています。

また、幕末から明治初期に住居として建てられた**鏡田屋敷**も見どころ。座敷と2階部分は明治26年に増築された、現存するお屋敷です。郡役所の官舎として建てられ、その後は住居として使用されていたそう。歴史的建造物に興味がある方は、おすすめです。

陶芸が好きな方は**日月窯《にちげつがま》**へ。九州には多くの窯元がありますが、日月窯は全国でも個展を開催する気鋭の窯元です。2代目の若き陶芸家が織りなす、一見金属のような独特な質感の陶器が人気。1階はギャラリー、2階はカフェ。カフェに入って、美しい作風のコーヒーカップでコーヒーをいただきながら、想いにふける時間を過ごしてみてはいかがでしょうか。

うきはの自然を堪能しながら、ゆっくりと時を過ごしたいなら昨年オープンした**旅する喫茶うきは**。全国を旅しながら各地の旬の素材を使用したクリームソーダとカレーを提供し、街の魅力を発信している出張型喫茶店で、東京・高円寺に次ぐ実店舗がうきはにやってきました。大正12年に建造された屋敷をリノベーションした大正ロマンあふれるカフェで、地産の食材を使用した料理を楽しめます（宿泊も可能）。美味しいクリームソーダをいただきながら、自分と向き合う素敵な時間を過ごしてみてください。

移住したい街ランキングで人気上昇中――糸島市

糸島市は古代には伊都国《いとこく》があったとされる地で、現在は海沿いにおしゃれなカフェがつらなる観光スポットです。自然に恵まれ、天神や博多にも車で40分程度の距離にあることから「移住したい街」としても人気。２０２１年には、イギリスの情報誌『モノクル』で〝輝く小さな街ランキング3位〟に選出されました。

いちごや牡蠣などが名産で、冬には牡蠣小屋もオープン。地元野菜を豊富に使ったレストランも多く、サーフィンにも適した海と、魅力あふれる街です。

糸島に来たら、歴史を感じる**雷山《らいざん》千如《せんにょ》寺《じ》大悲《だいひ》王院《おういん》**は必見です。糸島のホームページによると、千如寺は７４２年に開山、大悲王院は１７５３年に建立されたといわれる古い歴史を持つ寺院。ここに安置されている「木造千手観音立像」は、鎌倉時代後期の作で、高さは4．8m。千手を略して42臂の手がつき、さらに背面に小脇手を845手打ちつけ、千手を表現している像は圧巻。観音像を見ていると、よい気に包まれているような感覚になりますよ。また、糸島市を代表する景勝地のひとつ**桜井二見ヶ浦**へも足を伸ばしてみてはいかがでしょう。海に浮かぶ白い鳥居と御神体の夫婦岩の間に落ちる夕日が絶景です。ここは、古くから櫻井神社（国指定重要文化財）の社地とされる神聖な場所。夫婦岩には縁結びのご利益があるといわれているので、新たなステージに進むご縁が欲しいときに、神聖な気持ちで手を合わせてみてください。

糸島には多くのカフェやレストランがありますが、サンセットロード沿いのレストランカフェ、**CURRENT**は、糸島の定番スポット的存在。ビーチを一望できるロケーションのよさと地元の素材をたっぷり使用したイタリアンが魅力のお店です。

デザートなら**Loiter Market**。オーガニック食材を使ったフレッシュなイタリアンジェラートのお店で、地元でとれたものを新鮮なうちにいただくというコンセプト。イタリアのジェラート屋さんを思い出す美味しさです。

cafe TANNALは、いちご農家糸島磯本農園直営のカフェ。朝どれあまおういちごを使った濃厚スムージーやパフェ、コンポート、飲むあまおう酢など、いちごづくしのメニューを堪能できます。いちご好きにはたまりません。

お土産を買うなら**糸島手造りハム**。創業30年以上の本場ドイツのクラシックな製法でつくるハムやソーセージを購入できます。糸島産の豚に合うスパイスを調合した香り高い製品で、ＩＦＦＡ国際食肉加工品コンクールで過去６度の金賞を受賞するほどの美味しさ。粗挽きの肉感とぷりぷり感で、噛むとジューシー。お土産に喜ばれる一品です。

歴史に触れて自然も満喫――福津・宗像エリア

マリンスポーツを楽しめる福間海岸や津屋崎海岸がある福津市。近年は、ハワイをイメージしたおしゃれなカフェが海沿いに立ち並び、観光スポットや移住先として人気。大規模な宅地開発が行われ、若い世代が増えている地域です。さらに福津市のすぐお隣の宗像《むなかた》市は、世界遺産となった沖ノ島が有名。自然にあふれ、福岡市・北九州市両都市の真ん中あたりに位置することから、福岡のベッドタウンとなっています。

このエリアに来たら、2つの神社へ参拝を。ひとつは創建1700年の歴史ある**宮地嶽神社**。何事にも打ち勝つ開運の神として崇められ、開運・商売繁盛にご利益があるといわれています。年に2度、神社からまっすぐ伸びた参道の先にある相島に夕日が沈み、光り輝く道となる「光の道」が出現。人気男性アイドルグループの嵐が出演したJALのCMで、一躍有名になった神社でもあります。注文後に焼いてくれる熱々の「松ケ枝餅」が名物なので、訪れた際はぜひ味わってみてください。

2つ目は、日本神話に登場する日本最古の神社のひとつ、**宗像大社辺津宮**《へつぐう》。御祭神は、天照大神により生まれた三女神で、沖津宮、中津宮、辺津宮にそれぞれ祀られ、この三宮を総称して宗像大社といわれます。海上・交通安全の神で、神宝館には、沖ノ島から出土した8万点に及ぶ国宝を保管。その展示を見学できる貴重な神社です。

神社を参拝した後は、海岸沿いのカフェでお茶を。**マハロ**は、ビーチサイドのテラス席が美しいハワイをコンセプトとした大型カフェ。パンケーキやロコモコなどのハワイアンメニューがいただけます。他にも、同じエリアに**ホヌカフェ**、**cafe de Bocco**、**カフェラナイ**などのハワイアンカフェがあるので、海を眺めながらホッとできる場所を見つけて、くつろいでみてください。

他にもこのエリアで食事をするなら、イタリア人シェフが営む**フレゴ**がおすすめ。ピザやパンに使用する粉はすべてイタリアから取り寄せ、お料理には自家菜園でとれた作物も使用。週末はすぐにいっぱいになるので、予約必須です。

日本の美しい風景に癒される――朝倉郡東峰村

大分県との県境にある東峰村《とうほうむら》は、日本の原風景に触れられる小さな村。日本棚田百選の竹の棚田や、３５０年の歴史を持つ、小石原焼《こいしわらやき》や高取焼《たかとりやき》をつくる窯元が点在する場所。近年では新しい窯元も増えて、さらなる人気を博しているエリアです。

ここに来たら窯元巡りを。１９８３年に開窯された翁明窯元《おうめいかまもと》の作品は、丸みを帯びた優しいフォルムが美しく、その温かみのあるデザインから女性に人気です。

「鶴見窯」は1974年に開窯。先代が開いた窯を現在は2代目が引き継ぎ、現代的にアレンジした器をつくっています。色彩をほどこしたものやシャープな印象のデザインが多く、お料理に合う使いやすい陶器です。

他にもたくさんの窯元があるので、いろいろな窯元を巡り、陶芸家の方たちと直接お話ししながらお気に入りの品を探してみてください。陶芸家の方の想いや生き方をうかがうことで、未来の自分へのヒントになるかもしれませんよ。

一度にたくさんの窯元の作品を見たいなら**道の駅 小石原**へ立ち寄り、まずはここでお気に入りの窯元探しをしてから、その窯元へ立ち寄るのもおすすめです。50軒を超える窯元の作品を一度に見ることができますよ。

ランチは**Kutsurogi＋**へ。木の温もりのある店内で、地元小石原や朝倉産の素材をふんだんに使った窯焼ピザが楽しめるお店です。小石原焼の器でいただくオーガニックコーヒーを飲んで、豊かなひとときを過ごしてみてください。

HOTELS

「新しい自分に出会う旅」でピックアップしたホテル

CHAPTER3で挙げたホテルをまとめました。旅の参考にどうぞ。

カ・ライ・ワイキキビーチ、LXRホテルズ&リゾーツ Ka La'i Waikiki Beach, LXR Hotels & Resorts	223 Saratoga Rd, Honolulu, Hawaii, USA
ザ カハラ・ホテル&リゾート The Kahala Hotel & Resort	5000 Kahala Avenue, Honolulu, Hawaii, USA
ハレクラニ Halekulani	2199 Kalia Road, Honolulu, Hawaii, USA
ホワイトサンズホテル White Sands Hotel	431 Nohonani St, Honolulu, Hawaii, USA
ウェイファインダー ワイキキ Wayfinder Waikiki	2375 Ala Wai Blvd, Honolulu, Hawaii, USA
サーフジャック ハワイ Surfjack	249 Dongho-ro, Jung-gu, Seoul, Korea
ザ レイロウ オートグラフ コレクション The Laylow, Autograph Collection	2299 Kuhio Ave, Honolulu, Hawaii, USA
マンダリン オリエンタル バンコク Mandarin Oriental Bangkok	48 Oriental Avenue, Bangkok, Thailand

TRAVELS TO
CHANGE YOUR LIFE.

CHAPTER 4

本来の自分を思い出す「リセット旅」

「役割」を演じて生きていませんか。

時には日常から離れて、

ぐるぐるした思考をリセット。

すっぴんの自分に出会いに行きましょう。

気の流れがよい場所で、自分の本音と向き合う

普段の生活の中で、知らず知らず社会的役割をこなしているうちに、長年の考え方のクセも手伝って、年を重ねれば重ねるほど、自分が何者なのか、自分がどうしたいのかがわからなくなる、そんなことはありませんか？

仕事で期待に応えるために頑張りすぎてしまったり、子育てが優先で自分のことは後回しにしてしまったり、周囲に気を遣っていい妻を演じてしまったりなど、役割をこなそうと必死になっているうちに、本来の自分を見失ってしまうこともあるかもしれません。

前向きな気持ちになれないときは、いったん自分をリセットするとき。今ここで生き方を転換させて、あなたらしい人生にするための幕開けです。

そんなときにぴったりなのが「リセット旅」。**リセット旅とは、自然や神社・仏閣など気の**

流れのよいスポットで、五感を研ぎ澄ませて本当の自分に立ち返る旅です。役割から離れて、静かに自分の心の動きに集中し、自分が何を感じるかに集中してみてください。気の流れがよい場所にいると自然と素直になれるので、自分が本当はどうしたいかが見えてきます。ひとりの人間として自由に生きるために、本来の自分自身への回帰を促すリセット旅を楽しんでみてはいかがでしょう。

旅先での自分の見つめ直し方

私は、心が静まる場所に訪れると、まず肩の力を抜いて大きく深呼吸をした後、次のような問いかけを自分にしてみます。

「夢は何?」「夢を無意識にあきらめていない?」「本気で挑戦した? 行動を起こしてみた?」「今さら……と思ってない?」「何歳になっても夢は持っていいと、心の底から思っている?」「私は何者?」「私の強みは何?」「私の好きなことは何?」「10年後、どんな自分になっていたい？」「人の目や世間の価値観を気にしすぎていない？」「何かに遠慮していない？」「何かと誰かのせいにしていない？」「時はあっという間、貴重な人生をムダにしていない？」

十分に自分に問いかけをした後は、理想の自分を想像してみます。もちろん、明確な答えが出なくても大丈夫！　自分の気持ちに向き合うこと自体に意味があります。

じっくり自分と向き合いたい人は、旅用にお気に入りのノートを持ち歩いて気づきを書き込むのもおすすめです（32ページで紹介した「トラベルノート」も参考にしてみてください）。

私もノートを持ち歩きますが、ノートがないときは、そのときどきに感じたことなどをスマートフォンのメモ帳に打ち込んだりしています。あとで思い出そうとしてもなかなか思い出せないことが多いので、記録することをおすすめします。

心の奥底にある本音と出会えるリセット旅。まっさらな気持ちで、本来の自分を発見していきましょう。

何者でもない自由な自分を感じる——バリ島

インドネシアの離島、バリ島は、日本人にも人気のリゾート地。赤道直下の国で、島民の9割がヒンドゥー教徒です。バリ島には、マリンスポーツが盛んなエリアや、高級リゾートエリア、ショッピングエリア、大自然を楽しむエリアなど、さまざまなエリアがありますが、私が訪れたのは、ビーチや海辺の寺院、フランジパニの花が香る丘で知られる「ヌサドゥア」というインドネシア政府によって開発されたリゾート地。美しい自然を眺めながら安心感あるエリアで、リセット旅をスタートしました。

宿泊したホテルはアマン ヴィラ ヌサドゥア。プール付きのヴィラでプライベート感たっぷりに過ごすことができる美しいホテルです。

このリゾートから見えるのは森と海のみ。周りには何もなく、ホテルが客数を絞っているためか人と顔を合わせることも少なく、まるでジャングルの中の古代遺跡にでも滞在しているかのような感覚でした。

朝目覚めると、静寂の中、眼下に広がる霧に包まれた大自然。そんな朝の空気を感じたくて、テラスでボーッとしたり、プライベートビーチでひたすら穏やかな海を眺めたり。とにかく静かな空間なのです。

あるとき、オープンエアのリビングルームのソファでくつろいでいたら、なんとお猿さんが！　日本のお猿さんの顔よりはっきりしている、見たこともない野生みあふれるその姿。少し恐怖を覚えてお部屋に入り様子を見ていると、どんどん増えていき屋根の上を走り回っていました。とても驚きましたが、そういえばここは赤道直下の島、亜熱帯のジャングルのような場所だったのだと思い直し、せっかくなので大自然の中に埋もれる感覚に浸ってみることに。しばらくするとお猿さんも立ち去り、静けさが訪れました。

亜熱帯ならではの湿気と蒸し暑さを肌に感じながら、感覚だけに集中すると、自然の一部になったかのような気持ちに。日ごろ担っている「あるべき姿」から解放されて、素の自分に帰っていくような心地を覚えました。

ホテル内を歩いていたら、「昨日のUFO見たかい？」とホテルの方に声をかけられました。私が驚くと、なんでもこのあたりはUFOが頻繁に出現するらしく、特に昨夜は大群だった、と真顔で説明するのです。いつもなら「冗談が上手な人」「ユーモアが素敵」と思う私ですが、「ここならあり得るかも」と思わせる雰囲気が漂うだけに、真剣に聞き入ってしまった、そんな思い出深い出来事もありました。

UFOの話を聞いた後、お部屋に戻り、ふと未知の世界に想いを馳せました。こんなに役割に縛られているのは人間だけだろうか、きっと宇宙には役割なんてないんだろうな。そんなことを考えていると、役割にこだわっている自分がちっぽけな存在に感じられ、もっと自由に生きてみようという気持ちが湧いてきました。

大自然、そして宇宙に抱かれながら、リセットする感覚を強く得たバリの旅。見知らぬ土地で、何者でもない自分を謳歌する、そんな自由な自分と出会う時間となりました。

内観を深めて自分に集中する――出雲

島根県東部の出雲《いずも》といえば「縁結びの地」とされる神話の町。全国から神々が集まる「神在月」があるように、その空気感は独特で、至るところに古代を彷彿させる神話の舞台やパワースポットが点在。日本のルーツを感じる場所です。『古事記』の上巻3分の1で出雲地方が舞台になっていたり、『日本書紀』『出雲国風土記』などの神話ゆかりの地でもあることから、「神話のふるさと」としても広く知られています。

出雲は、子どものころ少しの間住んでいたこともあり、自分のルーツを感じる場所。今までもときどき訪れていましたが、最近になって「1回きりの人生、勇気を出して、自由に思い切って楽しまなければもったいない」と考える出来事があり、いったん自分自身をリセットするために、改めて出雲大社を訪れました。

拝殿を拝む前に、雑念を祓い身を清めるべく祓社《はらいのやしろ》へ。ところが、いざ社の前で手を合わせると、後ろの人が待っているから早く終わらせなくちゃ、と気になって集中できず、周りにばかり気をとられている自分に気づきました。これでは意味がありません。

そこで、拝殿ではとにかく無心になることに集中。すると、「いろいろな経験ができているのは生まれてきたからだ。生まれたことすら奇跡なのだから、いい経験も悪い経験も感謝して大切に時間を過ごそう」という気持ちが湧き上がりました。

そして、御本殿へ。ここでは、今生かされていることへの感謝に集中すると、「せっかくの人生、自分がやりたいことに挑戦しないともったいない。やりたいと本気で決心すれば願いは叶う」と強い決意が湧き上がりました。

さらに、十九社《じゅうくしゃ》では、一歩前に踏み出す勇気を与えてくれたことへのお礼を届け、何をやり遂げたいのか、何ができるのかを伝えることができました。祓社で集中できなかったことが、結果として大きな気づきをくれたのです。

神様がきっかけをくださったんだと気づき、気持ちがスッキリしたので、素鵞社《そがのやしろ》では導いてくださったことに感謝を伝え、自分の願いが叶うように努力をするので見守っていてくださいと、心の底から神様に気持ちをお伝えすることができたのです。

こうして、ひとつひとつ神様に手を合わせて内観を深めながら、自分の気持ちに全集中できる場所、それが出雲であり、201ページでご紹介する高千穂です。

この2つの土地は、日本古来の純粋な信仰があった場所。その場のエネルギーのおかげか、よけいな思考がストーンと外れ、素直になれるのです。至るところに古代を彷彿させる神話の舞台やパワースポットが残る日本のルーツを肌で感じながら、非日常の中で心をリセットしてみてください。

2泊3日の出雲満喫旅プラン

※営業日や定休日は事前にチェックを。

自分自身に集中しながら出雲を巡る、2泊3日の神話を巡る旅プランを立ててみました。車があると便利ですが、なくてもタクシーを利用したり、行きたいところをチョイスすれば十分楽しめますので、参考にしてみてください。

【1日目】※東京から飛行機で「出雲縁結び空港」に8時45分に到着した場合を想定。

まずは、**荒神谷遺跡**《こうじんだにいせき》へ。昭和後期に突如、数百ものの銅剣・銅矛・銅鐸が発掘され話題となった歴史ロマンあふれるスポット。小さい静かな山間の街ですが、古代より眠っていたこの大量の埋納品により、突如脚光を浴びることになりました。ここで358本の銅剣が発見されたなんて！ と不思議な気持ちにさせられます。実際の埋蔵品は、出雲大社のすぐそばにある古代出雲歴史博物館で見学できますので、ぜひ古代の人々の生活に思いを馳せてみてください。

陶器に興味がある方なら、昭和22年からはじまった**出西窯**《しゅっさいがま》へ。郷土の原料を大切に、暮らしに寄り添う「使いやすい器」をつくり続ける窯元です。手に馴染む温かみのあるお品が多く、比較的丈夫なので生活の中で構えることなく楽しめる「用の美」を感じますよ。

お腹がすいたら、雲南市の山間部に位置するワイナリー、奥出雲葡萄園《ぶどうえん》の敷地内にある**庭カフェ**でランチを。奥出雲の自然に溶け込んだカフェで、焼きたてのピザや季節のお料理をワインとともに楽しめます。カフェラテやソフトクリームは、地元の木次《きすき》乳業直営の日登《ひのぼり》牧場で育った、山地酪農のブラウンスイス牛の牛乳を使用。乳臭さがなく、さらりと飲みやすい美味しい味。寒い時期は薪ストーブが登場し、雰囲気も倍増です。

ランチの後は、宿泊宿**佳翠苑《かすいえん》 皆美《みなみ》**へチェックイン。出雲大社、松江に近い玉造温泉にある温泉宿で、古来より「神の湯」として親しまれてきた１３００年続く、玉造の名湯です。「天然の化粧水」と名高い泉質で、しっとりとしたツヤ肌へ。源泉掛け流し温泉付きの客室で、自分を労わるくつろぎの時間を楽しむもよし。屈指の眺望と言われる最上階の展望風呂で、眼下に温泉街や出雲の山々を眺めながら、自然と人の営みに思いを馳せるもよし。美肌はもちろん、神経痛や慢性皮膚病、慢性婦人病、慢性消化器病、動脈硬化などにも効くとされています。

チェックインまで時間があるなら、近くの温泉街をぶらぶらしたり、少し距離はありますが、**足立美術館**もおすすめ。島根出身の実業家、足立全康氏が昭和45年、安来市に開館した美術館、横山大観をはじめとした日本画や、北大路《きたおおじ》魯山人《ろさんじん》の陶芸など、目を見張る作品の数々が収蔵されています。館内の庭園は、アメリカの専門誌『ジャーナル・オブ・ジヤパニーズ・ガーデニング』の日本庭園ランキングで連続1位に選出！　この見事な庭園を一望できる館内にあるカフェで、スイーツやドリンクも楽しめますよ。

【2日目】

ホテルをチェックアウトして稲佐の浜へ向かう途中にある**斐伊川**《ひい》。ヤマタノオロチ伝説が残る斐伊川は、ときおり上流に深い霧がかかり、その光景は神話の世界そのものです。かなり前の話になりますが、早朝の斐伊川に朝霧がかかり、神立橋から見た幻想的な風景に思わず立ち尽くしてしまったことがありました。その瞬間、ざわついていた気持ちがクリアになり、心が丸ごと洗われていくような感覚に。それ以来、何かを決断したいとき、今後を考えたいとき、リセットしたいときなどに、この地を訪れるようにしています。

稲佐の浜は、出雲大社の西方1キロにある海岸で、国譲り、国引きの神話で知られる浜。浜辺の奥に屏風岩があり、そこで大国主大神と建御雷《たけみかづち》之《の》男神《おのかみ》が国譲りの交渉をしたと言われています。また、海岸の南には、国引きのとき、島々を結ぶ綱になったといわれる長浜海岸（薗《その》の長浜）が続いていて、旧暦10月10日に、全国の八百万の神々をお迎えする浜でもあるのです。浜の砂を持ち帰り、出雲大社の素鵞社にある御砂が入った木箱にその砂を供え、元からある乾いた砂をいただくことも可能。その砂を撒くとその土地の厄を払い、幸福を招くといわれています。

いよいよ、八百万の神様が集う**出雲大社**へ。縁結びの神として名高い、神話のふるさと出雲を代表するスポットで、良縁を願って全国各地から多くの人が訪れます。日本最古の歴史書である『古事記』に創建のゆかりが記されるほどの古社。主祭神は「大国様」として馴染み深い「大国主大神」。神話によると、高天原《たかまがはら》の天照大神に国を譲られた際に造営された壮大な宮殿が、出雲大社のはじまりといわれています。

私は出雲大社の大しめ縄を見上げると、いつも神聖な気持ちになります。しめ縄には神の領域と現世を隔てる「結界」という神聖な役割があると聞き、妙に納得しました。神聖な気持ちとはいっても、ピリピリした感じではなく、優しい気持ちになるのです。参拝後は、後方より本殿を眺めることに。美しく静寂な気が流れているのを感じるからです。

その後は、素鵞社をお参り。豊かな緑と静けさ漂うこの場所にいると、心が落ち着きます。「何を今までせかせかしていたんだろう。もっと私らしくでいいんだよ」。そんな声が聞こえてくるようです。

出雲大社参拝後は、**古代出雲歴史博物館**へ。出雲大社の歴史をめぐる貴重な展示品が数多く並び、出雲大社がどういった場所なのか、知識を深めることができます。かつては奈良の東大寺よりも大きかったといわれる高層神殿出雲大社の10分の1模型も展示。荒神谷遺跡で出土した銅剣もずらりと並び、その様は圧巻！　この地はどんな人がどんなふうに治めていたんだろう、と思うとゾクゾクしてきました。

また、中央ロビーに展示している「宇豆柱《うづばしら》」は、出雲大社境内から2000年に発見された、杉の大木を3本合わせた柱。その後の調査で、鎌倉時代前半に造営された本殿を支えた柱である可能性が高いと判明したそうです。「巨大な神殿が確かにここにあったんだ。昔の技術でどうやってつくったのだろうか」などと思いながらも、なんだか日本人として誇らしい気持ちになりました。

私はここに来ると、館内2階にある**maru café**でお茶をします。カフェからの眺めは最高。緑あふれる庭園を眺めながら、ドリンクや古代米・地元食材を使ったお食事をいただけます。古代なラテアートも可愛いので、ぜひ注文してみてください。

ランチは、出雲大社のそばにある**出雲そば 荒木屋**がおすすめ。江戸時代後期から240年以上続く出雲そばの老舗で、出雲そばの店の中では最古のお店です。丁寧に石臼挽きされたそば粉と、良質な自家の井戸水を使用してつくられた出雲そばは、香り高く訪れる価値あり。また、地元産うるめ鰯をメインに、さまざまな素材を組み合わせたさっぱりとした配合の出汁が絶品なのです。2段の割子《わりこ》そば（なめこおろし、うずら）に、天ぷら、特製蕎麦ぜんざい、おみくじがついた「縁結び天セット」が人気です。

参道入り口前にある**スターバックス 出雲大社店**では、「IZUMO マグ」と呼ばれる限定のマグカップをゲットできます。島根県の特産品、天然石のメノウをイメージして職人がひとつひとつ手づくりしたマグで、カラーは3色（ディープグリーン、スカーレット、ホワイト）。縁結びのご利益がある出雲大社にちなんでカップを重ねると、フィットするようにつくられていて、収納するのにも便利ですよ。

カフェでひと息つくなら、出雲大社参道にある**くつろぎ和かふぇ甘右衛門《あまえもん》**へ。可愛らしいだいこくさま最中が浮かぶ「出雲ぜんざい」や、神話の世界を表現した「神話ぱふぇ」などがあり、歴史を知ってからいただくと、より一層名物スイーツを楽しめます。

ちなみに、出雲は「ぜんざい発祥の地」。全国から八百万の神が出雲に集まる旧暦10月の神事で振る舞われていた「神在餅《じんざいもち》」が起源となっているそうです。

お土産におすすめなのが、**横庄《よこしょう》かまぼこ店**。住宅地の一角にひっそり佇む昔ながらのかまぼこ店で、地元民に古くから愛される、種類豊富なかまぼこがそろうお店です。島根の定番「あご野焼き」をお土産にすると喜ばれますよ。

ランチやカフェでお腹を満たしたら、島根半島最西端の断崖にそびえる**出雲日御碕《いずもひのみさき》灯台**へ。明治36年に設置され、石造灯台としては日本で一番の高さを誇る灯台です。展望台からの眺めは絶景！　島根半島全景を臨み、晴れた日には山陰の山々や隠岐諸島を臨むことも。紺碧の海をバックに立つ白い灯台は、見ているだけで気持ちが晴れ晴れします。

もう少し足を伸ばせるなら、出雲市内に流れる神戸川上流にある渓谷、**立久恵峡**《たちくえきょう》へ。国の名勝および天然記念物に指定されている景勝地です。そそりたつ奇岩、柱石などが1キロあまりにわたって連なり、太古そのままの仙境として讃えられている場所。つり橋を渡り、絶景を眺めながらの散策ルートはお散歩にもぴったりです。

日本一のパワースポットと称され、神聖で独特な空気感を持つ**須佐**《すさ》**神社**は、人気の参拝スポット。日本神話において、ヤマタノオロチに苦しめられていた人々を救ったとされる、ヒーロー須佐之男命の御魂をお祀りしている神社です。出雲大社から離れた場所にあっても、ここをお参りする人が多いのは、きっと背中を押してもらえるような気持ちになれるからかもしれません。

2日目のお宿は、湯の川温泉エリア（空港まで車で6分と便利な場所にあります）へ。その昔、出雲神話で、大国主大命に恋心を抱いて出雲を訪れた八上姫《やがみひめ》が、旅の疲れを癒してより美しくなったという逸話を持つ温泉地で、柔らかな肌あたりの湯は「日本三美人の湯」として知られています。

ここに、古代の暮らしを体験できる歴史ロマンあふれるお宿、**松園**《しょうえん》があります。敷地内には竪穴式住居などを再現した建物があり、まるでタイムスリップしたかのような空間なのです！　2名以上で行く場合は、古代の離宮や高床式倉庫を模した別館への宿泊や古代食が楽しめます。温泉は、美肌はもちろん皮膚病、筋肉痛、神経痛、慢性消化器病に効能があります。一人での宿泊予約は閑散期の平日のみ。事前に問い合わせを。

この他、**湯宿 草菴**《そうあん》もおすすめ。客室内に温泉が設えられているお部屋が6室あり、それ以外のお部屋でも、館内にある5種の貸切風呂を自由に使用できます。美しい庭園を臨みながらの森林温浴、美肌をテーマとした和食膳、湯の川温泉の温泉水配合のオリジナルスキンコスメが楽しめる「美肌プラン」も注目です。

【3日目】

ホテルをチェックアウトしたら、**道の駅 湯の川**へ。特産品を集めたお土産コーナーは品ぞろえが豊富。要チェックは「出西《しゅっさい》しょうが」を使った特産品。出雲市《いずもし》斐川町《ひかわちょう》の特産品でこの地でしか栽培できず、その希少性と味の良さから「幻のしょうが」と呼ばれています。

繊維が少なく、上品でさわやかな香りが特徴。かつては大名への献上品だったとか。地元の食材を用いた「しょうが焼き」「しょうがご飯」「しじみご飯」などのメニューを楽しめるお食事コーナーも併設されています。

おそばを堪能するのであれば、出雲を中心に40年以上続く**鶴華《つるが》 波積屋《はずみや》**へ。「割子そば」は、そばの実を芯から甘皮まで白臼で引いた全粒粉「挽きぐるみ」で、色も風味も濃厚。「木《き》桶醤油《おけしょうゆ》」や「出雲の地伝酒《じでんしゅ》」を使用したこだわりのおつゆは無添加です。三段重ねの割子そばは鰹節やネギ、大根おろし、海苔などの薬味をそばの上にのせて、おつゆを直接かけていただきます。江戸時代の古民家を移築・改装した建物も風情がありますよ。

ちなみに、こちらのお店の母体は、おうどんが人気のお店、**たまき**（鶴華 波積屋を含め、県内に8店舗あります）。地元の方いわく「ここのおうどんとしょけ飯（炊き込みご飯）はソウルフード」だそう。出雲の名物でシメて、出雲の旅の総仕上げです。リセットしたくなったら、何度でも訪れてみてください。

神々が宿るパワーを体感――高千穂

日本建国の地として神話が残る、宮崎県・高千穂《たかちほ》。日本神話に登場する神話上の地名でもあり、天照大神の孫であるニニギノミコトがあまくだったという峰で、天孫降臨《てんそんこうりん》の地とされています。

出雲が好きな私にとって、神話が残る高千穂は以前から気になっていた場所。そこで、リセット旅に高千穂へ。実際に足を踏み入れると、神話の世界のお話だと思っていたことが、「本当にここであったことなのではないか?」と思うほどの神聖な気の流れを実感。神々の宿る土地のパワーは想像をはるかに超えるもので、目に見えるものだけがすべてではないのだと、万物に感謝する気持ちが湧き起こりました。

と同時に、人間関係においても、表面的なものに気をとられるのではなく、相手の心の奥底にある本当の気持ちを見ていこう、もっと深く、器の大きな人間になりたいという気持ちになれた、とても神聖な場所でした。

高千穂は、出雲に比べてコンパクトなので、車がなくても、1泊2日で十分楽しめます。四季折々の日本の原風景を眺めながら、高千穂を満喫してみてください。

1泊2日の高千穂完璧旅プラン

【1日目】 **※営業時間や定休日は事前にチェックを。**

高千穂の旅のはじまりは、昭和9年に五箇瀬川峡谷として、国の名勝および天然記念物に指定された日本を代表する景勝地のひとつ、**高千穂峡**から。阿蘇の火山活動によって噴出した火砕流が冷え固まり、川などの浸食によって現れた美しい場所で、新緑、夏のライトアップ、紅葉と1年を通して景観美を楽しめる、ぜひ訪れたいスポットです。川から渓谷を楽しめるよう、手漕ぎボートのレンタルもありますが（事前予約必須）、ひとり旅の場合は、遊歩道を散策しても。遊歩道は峡谷に沿って1キロほど続き、その途中には「仙人の屛風岩《びょうぶいわ》」「鬼八の大石」「真名井の滝」などの見どころがあります。森林浴をしつつマイナスイオンを浴びながら歩いているだけで、リセットされていくのを感じますよ。

貸しボート受付の近くの売店、**こびる処**から漂う、お味噌を炙《あぶ》る甘く香ばしい香りは高千穂峡名物「渓谷だんご」。上新粉のお団子に、甘辛いくるみの味噌だれをつけて炙ったものです。私も1本いただきましたが、隣で不思議そうな顔をしながらも満足そうに食べている外国人観光客に出会い、「日本のスイーツ、美味しいでしょ」と、なぜか私が誇らしい気持ちになりました（笑）。

高千穂峡からすぐ近くにある**高千穂神社**は、高千穂八十八社の総社で、ご祭神は高千穂皇《すめ》神《がみ》と十社大明神《じっしゃだいみょうじん》。境内には樹齢800年の秩父杉や夫婦杉がそびえ立ち、夫婦杉の周りを、夫婦・恋人・友達と手をつないで3周すると「良縁・家内安全・子孫繁栄」の願いが叶うと伝えられています。

そんな中、夫婦杉の周りを少し恥ずかしそうに、足元を気にしながら3周されているご年配のご夫婦をお見かけし、おふたりから、お互いを労わりあいながら暮らしている様子を想像。こういう素敵な光景と出会えること自体が、さっそくのご利益かもしれない！と温かい気持ちになりました。

また、高千穂神社から徒歩3分の売店、**マロンハウス高千穂店**は、ぜひ立ち寄りたい場所。お目当ては「栗きんとん 栗九里」です。高千穂・日之影町の栗を１００％使用した無添加の栗きんとんで、原料は栗と砂糖のみ。秋のみ販売している限定品で、栗好きにはたまらない逸品なのです。購入したい場合は、予約したほうが確実。栗どら、栗せんべい、栗ようかんなどもあり、私は毎年秋になるとお取り寄せしています。

次は、いよいよ**天岩戸《あまのいわと》神社 西本宮**へ到着。『古事記』『日本書紀』にも記述がある天岩戸《あまのいわと》神話の伝説の地で、西本宮・東本宮があり、両社とも天照大神を御祭神として祀っている神社です。天照大神がお隠れになられた天岩戸と呼ばれる洞窟を御神体《ごしんたい》としているのが、西本宮。川の対岸にある天岩戸そのものを御神体としているため、社殿には御神体を納める本殿がなく、拝殿のみのつくりです。その背後には、天岩戸を直接拝観するための遥拝所があって、おおむね30分ごとに神職が天岩戸を案内してくれます。

天岩戸は写真禁止。実際に行かないと見ることができません。ちなみに、私は初めてここを訪れたとき、やっと来ることができたワクワクと、未知の世界に足を踏み入れるドキドキでボルテージ、マックスに！　そして、実際に目にした瞬間、今まで感じたことがない初めての感覚に包まれました。たくさんの観光客がいましたが、なぜか気配が消えてしまったかのように、その場のパワーに圧倒されたのです。天岩戸の様子は、ここでは語りません。というか、語ってはいけない、そんな気持ちに。もし興味を抱かれたら、ぜひお出かけください。ご自身で体感してほしい、そう思う空間だったのです。

天岩戸を見学した後は、続けて**天安河原**《あまのやすかわら》へ。その前にひと休みしたいなら、西本宮から徒歩2分、天安河原の遊歩道入り口にある**あまてらすの隠れCafe**で、ソフトクリームを。高千穂名物の「釜炒り《かまい》茶」を使った「釜炒り茶ソフトクリーム」は、お茶の苦味と香りが立って美味。疲れたときの糖分補給にぴったりです。

天安河原は、天照大神が天岩戸にお隠れになった際に、困った八百万の神々が話し合いをしたとされている地です。遊歩道をどんどん進んでいくと、山道にかかる強力なパワースポットといわれる太鼓橋が見えてきました。祈念しながら橋を渡り、ついに天安河原へ。岩戸川の岸の一角にある洞窟、**仰慕ヶ窟**《ぎょうぼがいわや》には、人々が願いを込めた石積みが並び、幻想的な空間を醸し出していました。私は神聖な空気に触れ、「ここで本当に八百万の神様たちが集まって相談したのかもしれない」と感じ、神話とは本当に起きたことなのかも！　と神話に対する見方が変わりました。

その後、天岩戸から出てきた天照大神が最初に鎮座した場所として伝わり、天照大神をお祀りしている**天岩戸神社 東本宮**にも参拝。木々に囲まれた東宮の鳥居をくぐり聖域に入ると、一段と澄んだ空気に。社殿の裏手には御神木の根元から泉が湧き出す禁足地となっていて、マイナスイオンがあふれていました。

夕方ごろ、高千穂旅館、**神仙**《しんせん》へチェックイン。個々のお部屋に温泉付きで、夕食・朝食ともに個室料亭にていただける、プライベート空間を楽しめるお宿です。日本三代秘境と呼ばれる椎葉村《しいばそん》で育てられたキャビア、幻の和牛と呼ばれる「尾崎牛」など、名産品を使ったお食事にほっこり。

夕食後は、予約していた高千穂神楽《たかちほかぐら》へ。高千穂の夜神楽は日本の建国神話や天照大神にまつわる天岩戸神話に基づく舞で、昭和53年に国の重要無形民俗文化財に指定されたもの。毎日夜8時から1時間、観光用に行われている高千穂神楽（事前予約必須）では、神様の人間味あふれる力強い御神楽を見ることができます。近隣の多くの旅館は、高千穂神楽が行われる高千穂神社まで送迎してくれるので、宿泊する宿に聞いてみてくださいね。

【2日目】

早起きして日が昇る前に、**国見ヶ丘**へ。神武《じんむ》天皇の御孫・建磐龍命《たていわたつのみこと》が国見をされたという伝説の丘で、標高513mにある展望所から高千穂盆地を一望できます。条件が整えば秋の早朝には雲海を見ることができると聞き、そのチャンスにかけて訪れましたが、雲海には出会えず……、またの機会のお楽しみとなりました。

旅館に戻り、朝食をとってチェックアウトした後は、**荒立神社**《あらたて》へ。天孫降臨の道案内を務めた猿田彦神が、天鈿女命《あまのうずめのみこと》と結ばれて建立したとされる宮で、交通安全・縁結び・商売繁盛・厄除け・芸能の神として信仰されています。

荒立神社に訪れたら、駐車場一角にある売店、**神漏岐《かむろぎ》の郷 癒の泉 まきちゃんの店**へ立ち寄ってみてください。こちらで販売されているどくだみ茶（15包入）は、クセが少なく飲みやすく、デトックスにぴったりです。

お土産探しなら、**道の駅 高千穂**も。神都高千穂大橋や高千穂峡を一望できるロケーションにあって、特産品や野菜などを販売。私は、高千穂ＴＥＡのどくだみ茶、黒豆茶、ごぼう茶、はと麦茶、とうもろこし茶、高千穂ムラたび「ライスブランビスコッティ」、高千穂おひさまチーズまんじゅうを購入。

その後、高千穂の美味しいおそば屋さん**おたに家**へ。無農薬・無化学肥料で、高千穂在来種の蕎麦粉をつくっている農家が経営する地元のお店です。本格手打ちそばをはじめ、高千穂伝統の神楽うどんやとろろごはんなど、自社生産の食材をたっぷり使用した郷土料理を提供しています。

九州最強のパワースポットといわれる高千穂。神話の世界を肌で感じるリセット旅は、想像以上に神秘的な瞬間にあふれていました。

霊峰富士の雄大な自然に癒される——山梨

山梨県と静岡県の間にまたがるように鎮座し、日本最高峰の高さを誇る富士山。季節ごとに表情を変えるその雄大な富士山の景色をひと目見ようと訪れるリピーターも多く、日本を象徴する山として、たくさんの人に愛されています。

日本人にとって特別な場所でもある富士山ですが、福岡に住んでいる私は、電車や車で富士山周辺を通りかかることがなく飛行機の上から見る程度。いつか富士山を間近で見てみたいと思っていました。

あるとき、忙しさの限界を感じ、自然に触れていったん自分をリセットしたいと思ったことがありました。そこで浮かんだのが富士山。昔から信仰の対象にもなるほどの神聖な山、その雄大な自然の中に身を置いてみたい、そう感じて富士山を間近で見られる場所へリセット旅を決めました。

美しい富士山を眺められる場所ということで、人生初の富士五湖へ！　まず向かったのは本栖湖。本栖湖は最大水深121.6mで、5つの湖の中で一番深く、本州で最も透明度が高い湖。実際に本栖湖の水は美しく、そこにそびえ立つ富士山を目の当たりにした私は、圧倒的な美しさにただただ言葉を忘れて、しばらくの間ただ見惚れていました。

他にも、西湖、精進湖と巡りましたが、どこから見ても富士山が雲間から顔を出すたびに、その迫力に驚くばかり。静かに鎮座する不動の存在である富士山を眺めていると、周りに振り回されている自分がちっぽけに感じてきて、もっとどんと構えていようと、体の力が抜けてとても楽になったのです。

自然の中で癒される感覚になる「星のや富士」

宿泊は、以前から気になっていた**星のや富士**へ。河口湖を見渡す丘陵にあり、日本の大自然を体感することができる日本初のグランピングリゾートです。山に突き出した「キャビン」と呼ばれる細長いお部屋のテラスからは、絶景を眺めることができて、この景色とともに過ごせるだけで十分に贅沢だと感じました。

テラスに薪《まき》ストーブがある「薪ストーブキャビン」に宿泊しましたが、とても雰囲気があるのです。暖炉の揺れる火を楽しみながら読書をしたり、お茶を飲んだりと、ゆったり時間を過ごしていると、忙しくしていた時間が嘘のように感じました。

この景色をずっと見ていたくて、朝食もテラスで。富士山の麓のホテルで澄んだ空気の中モーニングボックスでいただく朝食は、まるでピクニック気分でした。

テラスに座ってコーヒーを飲みながらぼーっと景色を見ているだけで、余計なことをごちゃごちゃ考えなくなって、頭の中が空っぽに。眺めているだけで、クリアになっていく感覚。自然が持つ想像以上のパワーに、ただ身を任せるばかりでした。

富士山周辺では、忘れられないお食事にも出会いました。フレンチ出身のシェフがつくる、**とんかつステーキ いとう**。普段、ほとんどオーダーしないフライですが、京都で行きつけにしている「游美」のご主人から、「お肉が柔らかいし、衣がサクッとして美味しいですよ」と教えていただき、訪れてみることに。ヒレカツとエビフライのセットを頼んだところ、衣がサクサクして、お肉はジューシー！　今まで食べたとんかつの中で、ベストオブベストです。カウンター席もあってひとりでも入りやすく、居心地のよいお店でした。

ところで、景勝地に行く場合は、お天気が気になりませんか？　特に、高い山ほど雲がかかりやすいため、雲ひとつない富士山を見るのはなかなか難しいもの。

旅を予定した日にお天気が悪いとがっかりしてしまうかもしれませんが、私は、どんなお天気でも楽しむと決めています。雨でもできることをインターネットで調べたり、景色がきれいに見えなくても、雨が降っているときの景色を写真や動画に収めて「これもまた出会いだな」と思い、その瞬間を楽しんだり、というように。

お天気ばかりはどうしようもないので、すべて委ねます。日々起こる出来事において「自分でコントロールできないこともある。流れに身を任せることも大切」と思えるようになったのも、旅を重ねてきた経験から得たことのひとつ。どんなお天気でもまたひとつの思い出になりますから、思い切って計画してみてくださいね。

温泉巡りで心身ともにリセット――大分県

温泉の源泉数、湧出量ともに日本一を誇り（源泉数は世界第1位、湧出量は世界第2位）、日本有数の温泉地として知られる大分県。日本の泉質は主成分によって10種類に分類されていますが、そのうち8種類が大分には存在するそうです。様式も砂湯、蒸し湯、泥湯などバリエーション豊富。色も透明・緑・青・黒・黄・オレンジとユニークです。

大分県の代表的な温泉地は、別府と湯布院。九州に住む私にとって、温泉といえば大分県、というくらいよく訪れる場所。泉質のいい大分県の温泉に入って、美味しいものを食べてゆったりすると、いつの間にか心身ともにくつろぎ、心も丸く穏やかになっている自分に気づきます。そんな大分県の温泉地は、自分自身をリセットするのに最適の旅先。おすすめの場所で心と体を癒して、素の自分を体感してください。

浸かる温泉、食べる温泉で体の中からきれいになる——別府

別府は、大分の中でも突出して湯量が多く、2800以上の源泉がある温泉観光地。移動中、硫黄の香りで別府に入ったことがわかるほどの「湯の町」です。別府に着くとまず目にするのが、大地から立ち上る「湯けむり」。別府を象徴する風景で、この景色を見ると、大地の躍動するエネルギーを感じます。

別府には「別府八湯」と呼ばれる8つの代表的な温泉地がありますが、市内に点在していて、それぞれ雰囲気も泉質も個性豊か。別府だけで7種類の泉質を楽しむことができるので、温泉巡りで異なる泉質を感じてみてください。また、噴気・熱湯・熱泥が噴き出す源泉の**地獄巡り**も、温泉地ならではの楽しみです。

別府のグルメといえば、温泉熱を利用した「地獄蒸し」。温泉の蒸気で、お肉やお野菜を蒸して食べる**地獄蒸し工房 鉄輪の地獄蒸し体験**は、素朴だけど美味しくいただける「食べる温泉必食グルメ」です。

スイーツなら、温泉熱で蒸してつくった**明礬《みょうばん》温泉 岡本屋売店の地獄蒸しプリン**を。昔ながらの固めのプリンで懐かしい味。別府を感じるグルメを食して、体の内側からもきれいにリセットできますよ。

風情を感じる温泉地で、必食スイーツを堪能――湯布院

大分県由布市にある温泉地、湯布院。別府から湯布院へは、観光快速バス「ゆふりん」に乗って、1時間強で移動できます。

盆地にある湯布院の冬は厳しい寒さですが、早朝の朝霧は幻想的。雄大な由布岳の麓に広がる田園を辻馬車が走る、そんな景色が当たり前だった風情ある昔と比べると、今はだいぶ観光地化されてしまいましたが、それでも昔の面影が残る湯布院は、都会から来た人を癒すには十分な場所です。**湯の坪街道**と呼ばれるスポットは、お土産屋さんや飲食店が軒を連ね、食べ歩きにはぴったり。また、個性的な美術館やギャラリーもあり、のんびりアート巡りも楽しめます。

風情やおもてなしを求めるなら、老舗の温泉宿、**亀の井 別荘**、**由布院 玉の湯**、**山荘無量塔**の御三家へ。ここに来たら、次の必食スイーツを、ぜひ味わってみてください。

・亀の井 別荘のカフェ「茶房 天井桟敷」のモン・ユフ

江戸末期のつくり酒屋を移築した店内はレトロで独特な空間。座る場所によって趣が異なります。ここに来たら、湯布院のシンボル由布岳の雪化粧をイメージしたスイーツ「モン・ユフ」がおすすめ。クリームチーズをホイップクリームで包み、由布岳の岩を表したラムレーズンがアクセントに。コーヒーとよく合います。

・由布院 玉の湯のカフェ「ティールーム Nicol」のアップルパイ

雑木林の中にあり、木漏れ日が差し込む非常に落ち着く空間。アップルパイは、薄い生地の上にしゃきしゃき感が残る薄切りのりんごがきれいに並び、くどくない、大人にうれしい味。酸味と甘さのバランスが絶妙です（現在、宿泊者のみ利用可）。

・山荘無量塔のお店「B-speak」のPロール

1999年にオープンした、山荘無量塔のロールケーキ「Pロール」。甘さ控えめで素朴な味。素材は小麦粉・砂糖・卵のみ。プレーンとチョコの2種。お土産にも喜ばれます。

田園風景が広がる街でゆったり時間を過ごす――玖珠町・天ヶ瀬町

湯布院から車で30~40分、別府から車で50~60分走ると、山間に、玖珠町《くすまち》・天ヶ瀬町《あまがせまち》という小さな町があります。温泉でリラックスしたら、田園風景の広がる静かな街で、のんびり過ごしてみてはいかがですか？

そんな過ごし方ができるおすすめの場所が、**ハイジのブランコ**。玖珠のシンボル「伐株《きりかぶ》山」の山頂にある大きなブランコで、ぐんぐん漕ぐとまるで空に飛び出すかのような爽快感です。幼いころに返った気持ちで、大空に身を委ねる感覚を味わえますよ。

ブランコのすぐ近くには、木の温もりが感じられる無料の**展望休憩舎 KIRIKABU HOUSE**が。眼下に町を眺めながらゆっくりできる、心地いい空間です。この休憩舎は、JR九州の「クルーズトレインななつ星 in 九州」を手がけた水戸《みと》岡鋭治《おかえいじ》さんのデザイン。小さな町の田園風景を眺めながら、ゆっくり過ごしてみてください。

マイナスイオンをたっぷり浴びたいなら**慈恩《じおん》の滝**へ。上段20m、下段10mの計30mの落差を持つ2段落としの滝で、大蛇伝説が残るスポットです。すぐそばにある**道の駅 慈恩の滝くす**では、人気の豆乳野菜スープや、豆乳ソフトもいただけますよ。

また、慈恩の滝から車で10分ほどの**高塚愛宕地蔵尊《たかつかあたごじぞうそん》**は、天ヶ瀬町にある神仏混合の珍しい地蔵尊。諸事祈願成就にご利益があると言われ、全国から足を運ぶ人もいるほどです。ご本尊は、1000年以上前に高僧・行基が彫刻した地蔵菩薩。山の壁面に並ぶ2000体を超える地蔵には、人々の願いが込められています。

その他の温泉地――黒川・嬉野・武雄

九州には、別府や湯布院以外にもさまざまな温泉地があります。湯布院から、次なる温泉地を巡るなら黒川へ。大分と熊本の県境の緑豊かな自然に囲まれた小さな温泉地です。

30軒の宿と里山の風景を「ひとつの旅館」としてとらえ、楽しんでもらいたいという思いから生まれた「入湯手形」を利用して、露天風呂巡りをすることができます。

さらに九州の温泉を巡るなら、温泉と焼き物の地「佐賀」もおすすめ。佐賀県内の温泉地でしたら、嬉野《うれしの》市の嬉野温泉。嬉野温泉は、3大美肌の湯に選ばれている温泉。ナトリウムを多く含むとろりとした湯感で、しっとりとした肌に仕上げてくれます。

嬉野を訪れたら、温泉グルメも堪能を。名物は温泉湯豆腐。嬉野の温泉水でお豆腐を煮るとお豆腐がとろりと溶け出し、そのまろやかさは絶品！　嬉野の多くの和食店や旅館で出される名物料理です。

また、佐賀西部にある山々に囲まれた1300年の歴史を持つ温泉街、武雄《たけお》市の武雄温泉もおすすめです。武雄温泉のシンボルといえば、竜宮城を思わせる朱色の「武雄温泉楼門」。湯は柔らかなアルカリ性単純温泉で、宮本武蔵やシーボルトなど多くの著名人がこの地で疲れを癒したとされています。

市内にある江戸時代後期より続く庭園、**御船山楽園**《みふねやまらくえん》は、鍋島藩第二十八代武雄領主・鍋島茂義公が約3年の歳月を費やして造園した15万坪の大庭園。標高210mの御船山を背景に、春は20万本のつつじ、2千本の桜や樹齢170年の大藤が咲き誇り、秋には紅葉の名所として知られています。

この庭園の中に佇む数寄屋建築のお宿、**御宿 竹林亭**は、和の情緒に心が和むおすすめの場所。なかでも、宿泊者のみが利用（同じく楽園内にある御船山観光ホテルのゲストも）できる、御船山楽園の萩野尾御茶屋で営業する**茶屋バー**（3／1〜12／31営業で月曜はお休み）は感動の空間！　ライトアップされた木々が池に映る様子は幻想的で、その美しさにため息が出ます。

焼き物巡りなど、日本の美を楽しむ佐賀の旅

佐賀県は、焼き物の町としても広く知られ、磁器もあれば陶磁器もありと種類もさまざまで、現在も多くの窯元があります。

焼き物に興味がある方なら、伊万里市、**秘窯の里**、**大川内山**へ。江戸時代、佐賀藩（鍋島

家）の御用窯が置かれた山あいにある地で、窯場の煙突や石畳の坂道も風情たっぷり。川にかかる**鍋島藩窯橋**は、磁器タイルや白磁のツボで装飾されたなんとも贅沢な橋！　小さな町なので徒歩で散策できますよ。現在も30軒ほどの窯元が集まっていて、藩窯で培われた「鍋島」の伝統を受け継いでいる昔ながらの町です。

その他、海辺の城下町、唐津のシンボル、**唐津城**も見所のひとつ。１６０２年より7年の歳月をかけ、豊臣秀吉の家臣、寺沢志摩守広高によって建てられたお城です。東西に伸びる松原が両翼を広げた鶴のように見えることから、別名は「舞鶴城」。展望所からは玄界灘と虹の松原（虹の弧のように松原が連なる）の雄大な景観や、松浦川と城下町唐津などを一望できます。

唐津市に訪れたら、新鮮なイカが楽しめる町、**呼子**へ。「呼子のイカ」といわれ、町には、イカの生きづくり、天ぷら、イカしゅうまいなどが楽しめるイカの専門店が競うように立ち並んでいます。透き通る新鮮なイカは、噛めば噛むほど甘く記憶に残る美味しさ。元旦以外毎朝**呼子朝市通り**で行われる**呼子朝市**も有名で、地元の人たちと交流をしながら魚介や旬の野菜などを購入しても。心に残る温かな旅となりますよ。

HOTELS

「リセット旅」でピックアップしたホテル

CHAPTER4で挙げたホテルをまとめました。旅の参考にどうぞ。

アマン ヴィラ ヌサドゥア Aman Villas at Nusa Dua	Nasa Dua, South Kuta, Bali, Indonesia
佳翠苑 皆美 Kasuien Minami	島根県松江市玉湯町玉造1218-8
松園 Shoen	島根県出雲市斐川町学頭1683-5
湯宿 草菴 Yuyado Souan	島根県出雲市斐川町学頭1491
神仙 Shinsen	宮崎県西臼杵郡高千穂町大字三田井1127-5
星のや富士 HOSHINOYA Fuji	山梨県南都留郡富士河口湖町大石1408
亀の井 別荘 Kamenoi Besso	大分県由布市湯布院町川上2633-1
山荘無量塔 Sansou Murata	大分県由布市湯布院町大字川上1264-2
由布院 玉の湯 Tamanoyu	大分県由布市湯布院町川上2731-1
御宿 竹林亭 Chikurintei	佐賀県武雄市武雄町大字武雄4100

TRAVELS TO
CHANGE YOUR LIFE.

CHAPTER 5

旅するおとな女子のお役立ち「美容法&アイテム」

スキンケア、洋服、小物……。
旅準備は大変だけど面白い。
とびきりの旅をつくる
おとな女子のための旅アイテムを大公開。

美肌を保つ旅のスキンケア法

旅となると気になるのが、旅支度。私も旅初心者のころは、「あれを持ってくればよかった」「これをやっておけばよかった」など、さまざまな失敗を繰り返してきました。そこで本章では、私が自身の経験から学んだ、あると便利なアイテムや旅に臨む美容ケアなど、旅するにあたって役立つ具体的な情報をお伝えしていきます。

大切なのは十分な保湿と日焼け対策

旅は美容にとって、なかなかハードなイベントです。特に海外に行く場合、日本と旅先の気温、湿度、水質（日本は軟水ですが、海外は硬水のところも多い）の違いから、肌の調子が崩れやすくなったり、髪の毛が乾燥したりしますよね。

私はハワイに行くことが多かったため、早い段階で日焼けのダメージによるシミに悩まされるようになりました。最初のうちはシミをコンシーラなどで誤魔化していたのですが、ある日ふらりと入った美容院でカラーをし、洗い流してもらう際に「すみません！ ここにカラーがついてしまって」と、シミの部分をカラーが付着した色だと勘違いされてしまい、恥ずかしくて仕方なく……。それ以来、スキンケアをしっかりするように。

とはいえ、旅先にあれこれ持っていくと荷物が重くなりますし、持参できる量は限られていますよね。そんな中、私が心がけているのは**「最低限のケアで、最大限の効果」が実感できる厳選アイテムを持参すること。**主にリゾート地などで日焼けをした場合でも、その日の夜にケアすればなんとかなる、そんなスキンケアアイテムをセレクトしています。

特に、飛行機での移動は肌に大きな負担がかかります。機内の湿度は10〜20%ほどと言われていますが、これは、砂漠の平均湿度20〜25%よりも低い状態。そのため、飛行機に乗る際は十分な保湿が必要に。

また、赤道直下の国や山岳地帯は紫外線指数が高いため、日焼け対策をしっかり行うことが大切です。肌は環境変化に敏感で国内にいても季節の変わり目などはゆらぎやすくなるように、国ごとに違う環境下では受ける負担も大きくなります。そのため、**スキンケアアイテムはなるべく肌への負担が少なく、お肌に刺激の少ない成分でかつ美白効果の高いものをチョイス**しています。私が行っている基本スキンケアは、次の通りです。

・**クレンジング**：敏感肌にも優しいミルクやジェルタイプ（乾燥させないことを重視）
・**洗顔**：肌への摩擦を防ぐ泡タイプ
・**化粧水**：美白系と保湿系化粧水の２種類
・**美容液**：美白美容液か、ビタミンC美容液
・**クリーム**：美白用と保湿用のクリーム
・**日焼け止め**：顔用、ボディ用
・**シートマスク**：スペシャルケアとして夜に使用。美白系と保湿系のシートマスク（徹底した日焼けケアをしたい場合は、日数分を持参）

そして、ここにちょっとひと工夫しています。

まずは、ビタミンC系の美容液をお肌に塗った上からシートマスクでケア。このケアをするだけで、かなり美白が強化されます。ただし、韓国に行く場合は、現地で買ったシートマスクをすぐにでも試したいので、日本からは持っていきません。

クレンジングと洗顔は、朝は必要以上に油分を取り除かないよう、洗顔料は使わず、ぬるま湯で表面の汚れを落とすのみ。ゴシゴシ洗ってしまうと、摩擦で肌に負担をかけてしまうため、水やぬるま湯を顔に優しくつける感じで大丈夫です。

また、乾燥が気になる国へ行く場合は、化粧水と美容液を保湿強化系に変更。訪れる国によって少しずつスキンケアアイテムを変えています。特に紫外線が強い国で、晴天の下、海や外での行動が多く日焼けが気になるときは、飲む日焼け止めを飲用したり、アフターケアでビタミンC・ビタミンDのサプリメントを取り入れたりすることも。

実際に、私が持参しているスキンケアアイテムは、238ページで紹介しますので、参考にしてみてくださいね。

これらの化粧品は、長期滞在でなければサンプルを使用して荷物を減らします。サンプルをいただいた際は、クレンジング&洗顔、美白系、保湿系、アンチエイジング系に分けて保管。サンプルがない場合は、旅の日数分より少し多めに、旅行用の小分けボトルに詰め替えて持参を。化粧水だけは日数の倍量を用意すると安心ですよ（顔用、ボディ用日焼け止め、ビタミンC美容液は現品のまま持参）。

帰国後のケアと旅行前のケア

旅先できちんとケアをしていても、環境変化でゆらいだ肌には十分な回復が必要です。私は帰国後5日間は（長期滞在の場合は最低でも1週間）、旅でダメージを受けた肌を完全回復させるために、美容系シートマスクを多用。絶賛「美肌期間」として美容集中期間にしています。

具体的には、毎朝洗顔後と夜お風呂から上がった後の**「導入系美容液→化粧水→ビタミンC→シートマスク→クリーム」**のケア。

シートマスクは、安い価格のものでも自分の肌に合っていればそれで十分です。その代わり、5日間は毎朝毎晩使用を。シートマスクをする時間がないときは、化粧水をいつもの2倍、しっかりと肌に染み込ませてくださいね。

私は、しょっちゅうハワイに行くため日焼けしているイメージを持たれることも多いのですが、「えっ⁉ 焼けてないんですね」とよく言われます（笑）。それは、十分なケアが功を奏しているのかも。うっすら日焼けやシミ予備軍を解消できている気がします。

さらに、お肌の調子を整えたいなら、旅行前のスキンケアも重要。紫外線の強い国、乾燥する国に行く場合、旅行前にお肌へ保水しておくことで、旅でのダメージを軽減させられます。信頼する皮膚科のドクターからも、「とにかくたっぷり化粧水を。髪の生え際やフェイスラインは疎かになりがちだから、念入りに」とアドバイスをいただきました。

私は干からびたダムをイメージし、貯水していくように保湿ケアを行っています。まずたっぷりの化粧水を含ませたコットンを、髪の生え際、フェイスライン、顔の中央に貼り、さらに手のひらに化粧水をとって顔全体を包みこむように馴染ませます。

帰国後のスキンケアはマストですが、余裕があるときは、旅行前のケアも実践してみてください。しっかりケアすることで、リゾート地も安心して過ごせますよ。

移動時の必須アイテム

旅の移動は、若いころは平気でも、年齢を重ねるにつれてつらくなってきたりもしますよね。特に、長時間座ったままの機内では足がむくんだり、乾燥したり。そんな機内を快適に過ごすため、私は移動用に次の4つのアイテムを持参しています。

・**マルチバーム**：乾燥対策。ひとつでお顔、ボディ、髪と全身に使えるもの。
・**ミストタイプの化粧水**：乾燥対策にひとふりしてお肌を潤わせる優れ物。メイクを簡単にオフする際にも便利です。
・**目元のケア美容液**：目元の乾燥対策。目の周りにコロコロ塗るスティックタイプのものが1本あると重宝します。
・**むくみ対策も兼ねて温めアイテムなど**：レッグウォーマーやホットアイマスク、リリースボール（マッサージ用）など、季節や体調によって選びます。

乾燥に耐えうるヘアケアアイテムを準備

お肌同様、乾燥対策を考えたいのが髪の毛。暑い国では日差しによる乾燥が激しいことと水質の違いから、日本にいるときよりも、髪がゴワゴワときしむ感じがします。

髪の毛がうまくまとまらなかったり、パサついたりすると気分も下がりませんか？ 私は、液体が濃厚なタイプのシャンプー、トリートメント、アフターバス用のヘアオイル、スカルプブラシを必ず持参します。

それでも髪の毛の乾燥が気になるときは、これにプラスして、アフターバスのヘア用ミルクタイプも持参。髪を乾かす際に、タオルドライ後にミルクタイプをつけ、ドライヤーで乾かした後にオイルを使用します。

シャンプー、トリートメント類は、小分けのボトルに入れて漏れないようにガムテープなどで隙間をうめ、さらにストックバッグなどに入れて持っていくと安心。ご自身の髪の毛の保湿力を観察して、自分に合うアイテムを見極めて持参してくださいね。

旅先で役立つ服装・小物

旅支度をするときに、どんな服を持っていけばいいか悩みませんか？ あれもこれもと持ちすぎて、スーツケースがパンパンになってしまうこともあると思います。しかし、旅を重ねる中でわかったのは、**旅先のファッションは、流行ではなくTPOを考えるのが最優先**ということ。「どんな場所で何をするのか？」を想像しながら準備することで、荷物を減らすことができます。

旅先に持っていく服装でまず考えることは、**「しわになりにくい」「かさばらない（重くない）」「着回しがきく」の3つ。**こなれ感やおしゃれ度を意識しつつも、何より心地よく過ごせる服装で、荷物を最小限におさえましょう。あると便利な衣服や小物について挙げてみました。参考にしながら、旅の準備をしてみてください。

【寒いときの防寒対策】

厚手の上着を持っていくと荷物が増えてかさばるので、私はインナーで防寒対策をしています。ヒートテックのインナーは薄手で温かく便利です。

【リゾート地や暑い場所に行くときの必須アイテム】

ハワイを例にとると、外は暑くても館内や店内は冷房が効いています。時期によっては（雨季など）朝夜は外でも肌寒く感じるので、薄手の羽織ものは必須です。

【ホカンスを楽しむおすすめファッション】

ホテルライフを楽しむ際の、リラックス系のワンピースと、ディナー用のワンピースは、1着ずつあると便利です。

【マルチに活躍する小物】

・**大判ストール**……機内や店内の温度調整、防寒対策に活躍します。
・**サングラス**……日焼け対策はもちろん、ノーメイクで外を出歩くときに便利です。
・**帽子**……日よけ、ボサ髪隠しに。行き先により、バケットハット、キャップなどをチョイス。折りたためるタイプを持ち歩いています。

【大きさの異なるバッグ】
・**大きめの機内持ち込みバッグ**……スーツケースにのせて持ち運べるマチのある大きめのバッグ。キャリーバーに固定するベルト付きは、移動しやすく便利です。
・**街歩きちょい持ちバッグ**……トート、ポシェット、ボディバッグなど。機内持ち込みバッグの中に街歩きバッグを入れると、スーツケースの荷物を少し減らせます。
・**エコバッグ**……街歩き用バッグの中に常にイン。旅先で保冷物を買いたいときは保冷の効くエコバッグも持参します。
・**ドレスアップ用バッグ**……クラッチ、チェーンウォレットなど、薄くてかさばらないものを持っていくのがおすすめ。

海外旅行の際に持参すると便利なもの

海外のホテルにないアイテムも挙げてみました。日本から持参すると重宝します。

・**スリッパまたはビーチサンダル**……ビーチサンダルはバスタブから濡れた素足で履いてもすぐ乾くのでおすすめ。

・**パジャマ兼ルームウェア**……意外とかさばるので、柔らかな素材&薄手で丸めて収納できるタイプのものを。Tシャツやロン Tに、締め付け感のないパンツを組み合わせたり、大きめのTシャツならそのままパジャマにしています。

・**個包装の洗濯洗剤と携帯ハンガー**……長期滞在の場合、お部屋でお洗濯

・**歯ブラシ、歯磨き粉などのオーラルケア**

・**アルコールフリーのウェットティッシュなど**……紙類はやっぱり日本製が使いやすい。

・**除菌消臭スプレー**

・**ストックバッグ、エアクッション、テープ**……お土産に買った瓶ものや食品をパッキング。

・**常備薬**……胃腸薬、湿布、のどのお薬、目薬、のど飴など。お守りとして&快適に過ごすために持参しておくと安心です。

さぁ、大人女子旅の旅支度をして、ひとり旅に出かけましょう。それは、心のウェルエイジングにつながります。自分を労り、好きなものを見つけ、どう生きていきたいかに想いを馳せる時間。自分への時間を思い切り堪能して、自分を喜ばせてあげませんか？　自分と向き合う旅は、内面からも美しく輝く未来をつくってくれますよ。

余談になりますが、240ページにある写真は、バンコクのホテル「マンダリン オリエンタル」で、特別にプレゼントしていただいたチョコレートのスイーツです。予約時に「今度出版する本に掲載したい」とお伝えしたところ、なんとこれを準備してくださいました。「マンダリン オリエンタル」の素晴らしいホスピタリティに大感動！　また旅が、ひとつ私の人生に彩りを与えてくれた瞬間でした。

ひとり旅は、まさに「人生の宝物」。この本が、手にとってくださった皆さまの人生を、より豊かにすることを願っています。

PACKING

旅の持ち物&パッキング術

スーツケースの荷物を軽くして、ほしいものをすぐ取り出せるように詰めるのがコツを公開します。

スーツケースの中身

ポイントは、アイテムごとに旅行用ポーチに入れて収納すること。

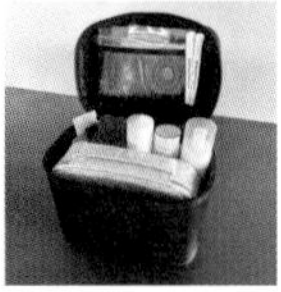

ボトルを立てたまま収納できる無印のメイクボックスは、長期旅行に重宝。ホテルでも、そのまま洗面台に置けて便利。

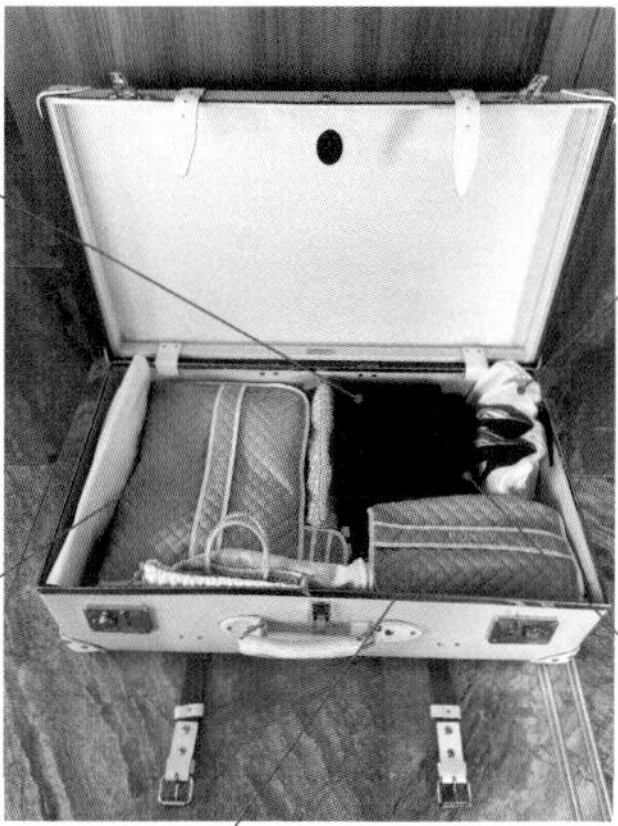

シューズは、ビニールタイプのシャワーキャップに包んでから専用ポーチに入れると、ポーチが汚れず、清潔に持ち運びできます。

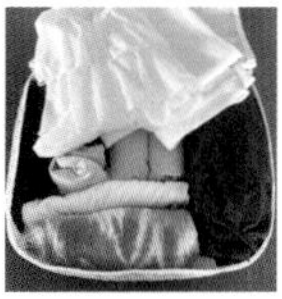

かさばる系やしわになる素材は避けて、コンパクトにまとめられる洋服をチョイス。ディナー用にワンピースも必ず持参。

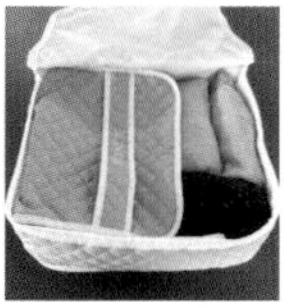

下着は、短い滞在なら日数分持参、1週間以上なら少なめにしてお部屋でお洗濯。ルームウエアは、薄手のものを。

洗濯洗剤と携帯ハンガーをポーチに収納。除菌シートや除菌スプレー類も一緒に。

機内持ち込みバッグの中身

大きめのマチつきバッグの中に、温度調節用のストール、機内で必要になる細々したものを入れたポーチと、旅先に着いてすぐ必要となるサングラスなどをイン。

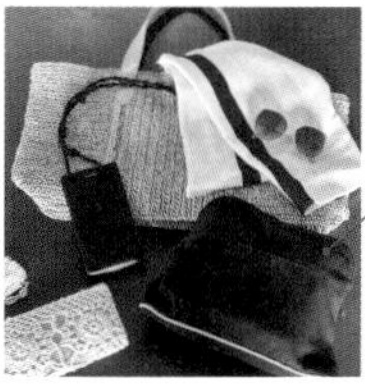

黒ポーチの中身

衛生グッズ系と、230ページで紹介した移動時の必須アイテム、充電器などの小物を、それぞれ小さなポーチにわけて収納。

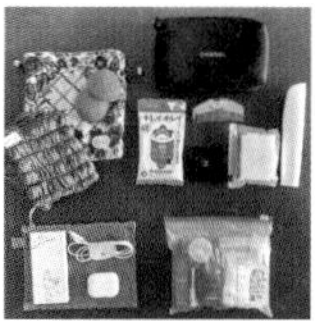

SKIN CARE

旅先に持参するスキンケアアイテム

紫外線や乾燥からお肌を守るために、私が普段持っていく
スキンケアアイテムをご紹介します。肌の状態は人それぞれなので、
ご自分の肌の状態に合わせてピックアップしてくださいね。

美容液

Serum

美白有効成分、トラネキサム酸を配合し、角質のすみずみまで潤いを浸透。肌を明るく見せてくれて、シミ対策にも / セルフホワイトニング ミッション (アルビオン)

洗顔

Cleanser

肌への負担を減らす泡タイプ。毛穴を引き締め、明るくなめらかな素肌へ導きます / ホワイトモイスチャームース (FTC)

クレンジング

Cleansing

洗うたびにしっとりクリアな潤い美肌へ導きます / メディカルホワイトモイスチャークレンジング (FTC)

化粧水

Lotion

美容液のようなしっとり感で、角質層の奥まで濃密保湿。肌のダメージを補い、ハリ感、弾力性を実現！ / モイスチュアチャージローション (MUNOAGE)

シミ・そばかすを防ぎ、ハリ・弾力と潤いに満ちた肌へ。日焼け対策に必須の美白系化粧水です / ナビジョン DR TA ホワイトローション (岩城製薬)

クリーム

Cream

保湿力抜群で、お肌がしっかり潤うクリーム。テクスチャーも軽めで使いやすい。優しくなでるようなタッチで、お顔全体をくまなくケアしています / ナビジョン DR TA クリーム AAn (岩城製薬)

日焼け止め

UV

低刺激で敏感肌の人でも安心して使える UV ケア。セラミド※1配合で肌を保護しながら高い潤いをキープ。赤み、くすみ、シミ、色ムラもしっかりカバーしてくれます / スーパーサンシールドブライトヴェール（ピンクベージュ）SPF50+ PA++++（アクセーヌ）

高い耐水性で太陽光から肌を守ってくれる、エイジングケアの乳液タイプ。驚くほど軽い着け心地で、素肌感覚で使用できます / エマルションUV コール n SPF50+ PA ++++（クレ・ド・ポー ボーテ）

※1 角質層に存在する潤い成分